信仰的力量

——与大学生面对面

李 绚◎主编

海峡出版发行集团 THE STRAITS PUBLISHING & DISTRIBUTING GROUP | 福建人民出版社 FUJIAN PEOPLE'S PUBLISHING HOUSE

本书编委会

主　　编　李　绚

执行主编　杨建义

编　　委　李　绚　杨建义　汪启思

　　　　　陈秋华　陈祖棋　陈筱宇

教育部高校网络教育名师培育支持计划

教育部第二批全国高校思想政治工作精品项目

序

青年是整个社会中最积极、最有生气的力量，国家的希望在青年，民族的未来在青年。青年兴则国家兴，青年强则国家强。习近平总书记指出："当代中国青年要有所作为，就必须投身人民的伟大奋斗。"在夺取新时代中国特色社会主义伟大胜利、实现中华民族伟大复兴的中国梦的伟大征程中，当代青年既是追梦者也是圆梦人，必须将"个人梦"融入"国家梦""民族梦"，让勤奋学习成为青春远航动力，让增长本领成为青春搏击能量。

青年有信仰，国家有力量，民族有希望。青年人有了信仰，也就有了敢于承担责任的魄力和献身使命的担当。处于新时代、新阶段，面对新变化、新要求，青年大学生不仅要强化专业知识和理论知识，更要坚定理想信念，补足精神之钙。自2018年始，福建师范大学学生工作部在官微上推出"小联微评"专栏，特邀各学院辅导员，从不同的视角"微"观时政、"评"论热点。这里面，有暖心传递的同心抗"疫"，有点评时事的家国情怀，有青春激昂的奋斗追梦……广大辅导员用一种全新的方式，分享他们的立场、观点和态度，为同学们更好地认知、理解问题，提供向导与参考。在此，我们将2018—2020年期间的优秀作品做一次阶段性的结集出版，作为丛书的第一册——《信仰的力量——与大学生面对面》，旨在让更多的青年读者读到这本书，为大学生正确认知、深度理解社会热点问题提供向导和参考，进一步提升大学生网络思想政治教育实效，引导大学生修德修身、明辨是非、笃实笃行。

信仰是人的精神支柱，有信仰就有力量，有信仰就有担当。青少年阶段是人生的“拔节孕穗期”，是人生观、价值观、世界观形成的重要时期。浇花浇根，育人育心。福建师范大学将一如既往，秉承“联系工作实际、回应青年关切、贴近校园生活、符合学生需要”，不断创新育人方式，形成“三全育人”思政新格局，努力帮助青年学生扣好“人生的第一粒扣子”，引导青年学生唱响新时代的青春之歌，承载起国家和民族的光明未来。

编　者

2021 年 7 月

目　　录

同心抗“疫”

家国情怀

奋斗追梦

同心抗“疫”

突如其来的新冠疫情，改变了我们的生活，全民战“疫”，人人有责。有目共睹的“中国速度”，筑牢了打赢新冠疫情阻击战的信心；从未间断的“中国温度”，树立了打赢新冠疫情阻击战的恒心；万众一心的“中国力量”，坚定了打赢新冠疫情阻击战的决心。抗“疫”一线涌现出的感人故事，让广大师生感受到了全国一盘棋、命运共同体的众志成城与意志信心。

强化显政，着力化解涉疫舆情“台风眼”

学生工作部　杨建义

抗击新冠肺炎疫情是一场人民战争，舆情是其中重要的战“疫”阵地。舆情导向正确、风清气正，则有利于汇聚人心，同心同德战胜疫情；舆情导向混乱、各种信息嘈杂，则将直接影响民众的战“疫”心理，在疫情面前产生恐慌和无力、无措感。减少外出是防控疫情的重要手段，民众更多地依赖网络、关注网络，网络舆情成为影响民众心态、看法和行为的重要因素。习近平总书记指出，当前疫情防控形势严峻复杂，一些群众存在焦虑、恐惧心理，宣传舆论工作要加大力度，统筹网上网下、国内国际、大事小事，更好强信心、暖人心、聚民心，更好维护社会大局稳定。

综观新冠肺炎疫情以来的网络舆情，“台风眼”现象成为其中的一个重要特点。在疫情发展和防控过程中，一些焦点问题由于信息不对称而形成网络舆情，随着疫情发展和防控进程而不断呈现裹挟态势，形成阶段性的“台风眼”现象，颇有“山雨欲来风满楼”之感。从其形成原因看，一是民众的高能关注。在疫情面前没有局外者，每一个人都是局中人，关注者数量庞大，焦点问题关注度集中，能够主动介入其中问题的讨论。与疫情相关的敏感话题、深度文章的阅读量能轻易地超过十万，一些领域所谓“意见领袖”的言论阅读量经常在百万以上。在此次疫情中，民众对新冠病毒如何传播、怎样防控、治疗状况保持着持续的高能关注，每一个问题的焦点都在网络上形成持续的舆情“风暴”。由于弄清这些焦点问题本身需要深入的科学研究，这一现实也为网络舆情中“台风眼”的持续存在提供了现实话题。从根本上说，网络舆情“台风眼”

现象的消退将取决于新冠肺炎疫情防控进程的推进，取决于新冠病毒研究的深入。

二是信息不对称。网络是最大的信息集散地，信息不对称既是网络舆情焦点问题形成的重要原因，也是维持网络舆情“台风眼”持续存在的外在“能量”。就新冠肺炎疫情来说，信息不对称体现在三个方面：一是疫情和疫情防控涉及大量的专业性知识，与民众常识性认知之间存在差异；二是疫情防控中民众信息期待窗口与疫情信息发布时间之间存在错位，如新冠病毒“人传人”等传播途径信息的公开时间上；三是权威部门信息发布的频次、翔实性等，难以满足民众对信息持续、透明的需求，由此网民用各种方式比较和评价不同的地区、不同场次的信息发布会等。信息不对称会在不同主体之间形成“信息圈层”，许多信息只是局限在“圈子”内部流动，无法形成“圈际”的信息交换与互动，从而就在某个焦点问题上形成内部明晰稳定而外部模糊嘈杂的网络舆情“台风眼”，如新冠病毒“人造说”。面对专业性极强的学术问题，在信息不对称或模糊的背景下，民众往往倾向于运用自己熟悉的渠道获取网络中的嘈杂信息，习惯于以自己的常识去理解和解读未知的问题，选择自己的价值偏好来形成认同逻辑的自洽，从而把相关研究机构和研究人员推进网络舆情的漩涡。

三是不确定性的恐慌情绪。面对疫情的不确定性和未知性，每个人内心都或多或少地存在恐慌情绪或焦虑心理。就如有网友描写道：“面对疫情，你就像海鲜池里的螃蟹，不知道明天厨师要抓的是哪一只。”面对内心“人若浮萍”的感觉，一方面，人们通过收集各种信息来增加对外部判断的确定性，增强对自己判断的自信，从而由外而内地确立起一种认识方向；另一个方面，在“宅家”的状态下，人们通过网络参与来建立心理上的社会支持，而在网络参与过程中首先关注的是网络中的疫情消息，通过浏览、评论、点赞、转发、发布等成为网络舆情的建构者或参与者，由此在网络舆情参与中获得一种选边站队的确定感。这是网络舆情“台风眼”现象存在的重要社会心理。

四是关注问题的争议性。矛盾的对立统一是解读网络舆情“台风眼”成因的方法论。新冠病毒作为一种新型病毒，对其研究涉及科学性与伦理性之间的关系，涉及认识性和曲折性之间的关系，对于疫情防控牵涉到时间性与程序性、预测性与现实性、公开性与风险性等问题的考量，从而纠缠成为对新冠肺炎防控中争议性问题。有的人以粗暴简单的自洽逻辑和诡辩闭环，得出自己愿意相信的结论；有的人基于对真相的追逐，试图去还原更多的信息；有的人纯粹地围观，留下太多无谓的争论和浮躁的喧嚣，形成了此起彼伏的网络舆情“台风眼”。比如，在疫情中不幸感染去世的李文亮医生，就引发一轮轮的网络舆论风暴，屡次突破互联网传播峰值。对此，国家监察委派出调查组作全面调查，让人对还原事实怀着期待。

从根本上说，事实是最好的解释，行动是最有力的宣传。党和国家高度重视疫情防控，中央政治局常委会 19 天内连开三次会议直面疫情部署。发挥制度优势，坚持全国一盘棋，统一指挥、统一协调、统一调度，全力支持湖北、武汉抗击疫情。各级政府积极作为，从城市社区到乡村，联防联控，防止疫情的扩散。“最美逆行者”刷屏网络，汇聚起网民抗击疫情的信心、希望和力量。举国上下抗击疫情的实际行动，成为引领网络舆情发展的压舱石和导向标。针对当前严峻的疫情防控形势，一些群众存在焦虑、恐惧心理的情况，习近平总书记强调：“强化显政，坚定战胜疫情信心。让群众更多知道党和政府正在做什么、还要做什么，对坚定全社会信心、战胜疫情至为关键。”同时，“要加强舆情跟踪研判，主动发声、正面引导，强化融合传播和交流互动，让正能量始终充盈网络空间。”

化解新冠肺炎疫情的网络舆情“台风眼”现象，一要关注和回应网络舆情“台风眼”中的民众关切。民众上网了，民意也就上了网。新冠肺炎网络舆情的“台风眼”是观察民意的一个重要窗口，也是检验民众网络素养的练武场，更是把握主导、壮大网上正能量的切入口。防疫与时间赛跑，信息同样与时间赛跑。要加大网络宣传，深入宣传党中央重大决策部署，让民众更多地知道党和政府正在做什么、还要做什么，坚定民众战胜疫情的信心。要充分报道举国上下联防联控的措施成效，生动讲述防疫抗疫一线的感人事迹，凝聚众志成城抗击疫情的强大力量。要多层次、高密度发布权威信息，增强及时性、针对性、专业性，提升公信力。正视疫情防控中存在的问题，及时回应群众关切的核心问题，增强舆论引导的针对性和有效性，着力稳定民众情绪，引导民众增强信心、坚定信心。

二要发挥主流媒体的优势，增强化解“台风眼”的能力。面对疫情的焦虑和恐慌，民众比以往任何时候都想获得科学的指导，提高自我防护的能力和效果。主流媒体在这个方面有技术、有人才、有公信力，具有自媒体无可比拟的优势。要善于抓住机遇，充分发挥融媒体平台的作用，加大对健康理念和疫情防治的宣传教育，广泛普及科学防护知识，敢于对网络上不科学、伪科学、假科学的知识进行及时批驳和澄清，把民众的关注点引导到主流媒体平台上来，以“蓄水池”的方式培养有黏性的受众，从而形成网络空间中具有独特话语权的引领力量，化解和防范网络舆情“台风眼”的无序发酵。

三要坚持依法治理，防范网络舆情“台风眼”的冲击。网络不是法外之地，也不是治外“飞地”。在网络舆情中不乏暗含敌对力量、造谣生事、引导发酵、吸引关注的“台风眼”，对此要加强对网络舆情的依法管控，打击造谣滋事、散布虚假信息的不良网络言行，形成良好的网络舆情管控预期。要坚持依法行动、依法行事，落实网络舆情管控的主体责任、主管责任、监管责任，提高管理技巧，增强管理水平，把控好整体舆论，为化解“台风眼”现象筑牢坚实法治底线，努力营造良好舆论环境。

四要强化预期管理，减少网络舆情“台风眼”形成。预期管理是一种确定性管理。在新冠肺炎疫情实时动态中，“每天变化的不是数字，是生命”。不仅要及时公布各地确诊、疑似患者等数量信息，也要分析数量背后的逻辑关系，更要揭示数量与救治防控之间的关系，让民众在每天不断变化的数量面前不再恐慌，而是从变化趋势中看到向好的预期。如，2020 年 2 月 12 日湖北省当日新增病例 14840 人（含临床诊断病例 13332 例），网民并没有因数量在一夜间大幅增加而感到恐慌，而是感受到数字背后“应收尽收”的担当和作为，从而把战胜疫情的信心、信念投射到网络言行中，成为良好网络舆情的“抱薪者”。

中国精神是战"疫"中的必修课程

经济学院　陈晓晶

"国内清零""方舱医院关门大吉""解除离鄂通道管控"等令人振奋的好消息不断传来，呈现积极变化的新冠肺炎疫情形势背后彰显着中国之制、中国之治、中国之智。新冠肺炎疫情发生以来，从中央到地方，从农村到城市，从单位到个人，14亿中国人民拧成一股绳，积极做好联防联控，形成了抗"疫"的磅礴力量，汇聚了伟大的中国精神。

"人无精神则不立，国无精神则不强"。这场疫情防控阻击战中所体现的中国精神，是华夏五千多年凝聚而成的民族精神的反映，是中国革命、建设和改革过程中形成的时代精神的承接，是1998年抗洪精神、2003年抗击非典精神、2008年抗震救灾精神的延展。"中华民族是从艰难困苦中走过来的，中国有信心、有能力、有把握打赢这场疫情防控阻击战。"在疫情中彰显的中国精神，不仅是这场战"疫"中的重要法宝，而且是这场战"疫"中的必修课程。

学习凝心聚力、众志成城的爱国精神。不论树的影子有多长，根永远扎在土里。爱国始终是中华民族几千年绵延发展中激昂的主旋律，始终是激励我国各族人民自强不息的强大力量。面对疫情，以习近平同志为核心的党中央高度重视，迅速部署。全国各族人民、海内外华侨等各方力量，全力支援，开展了亲上阵、送口罩、运粮食、抢速度、建医院、宅在家等爱国行动。年过八旬的钟南山院士在武汉街头听到民众唱起的国歌时，曾说过："劲头上来了，很多东西都能解决。大家、全国帮忙，武汉是能够过关的。"爱国是战"疫"中的必修课程，是我们诸多责任之中最重要的责任担当。灾难面前，爱国就是要用安心宅在家、认真上网课、为社区服务、为群众分忧等具体的、实际的行动去维护个人、国家和民族的绵延生息、薪火相传。

学习攻坚克难、砥砺前行的斗争精神。“斗则得，服则失。”在逢山开路、遇水架桥的抗“疫”斗争中，我们实现了从“人等床”到“床等人”的转变，实现了确诊人数的逐渐减少、治愈人数的持续增加。中国共产党一成立就铭刻着斗争的烙印，中华民族一路走来就是在斗争中求得生存、获得发展、赢得胜利。冲在疫情最前线的医护人员，毅然驰援疫情重灾区的人民子弟兵，星夜不停作业的建筑工作者，默默以“智”战“疫”的科研工作人员，坚守在岗位的基层工作者，将饭菜送到家门口的外卖骑手，防疫中奔走的大学生志愿者……每个人都投入到了抗疫斗争中，每个人都是战士。斗争精神是战“疫”中的必修课程，是中华民族生生不息的优良传统。学习斗争精神要怀揣“功成不必在我、功成必定有我”的责任与担当，在学习与工作中争取站位高、眼界宽、心胸阔，用最硬核的专业本领回应时代挑战，提交战“疫”的合格答卷。

学习科学防治、精准施策的科学精神。“工欲善其事，必先利其器。”疫情暴发以来，党和国家坚持把科学防治原则贯穿到底，全力组织科研攻关，加强对病毒的跟踪和分析，积极研发防疫药品和疫苗，公开透明发布疫情最新状况，全面加强卫生监督及处置力度，努力做到早发现、早报告、早隔离、早治疗，科普勤洗手、勤通风、勤消毒、戴口罩的方法，落实疫情监测、排查、预警等工作，用科学的观察、科学的数据、科学的验证展现中国之智，以科学的态度、科学的方法为战胜疫情构筑起坚实的屏障。科学精神是战“疫”中的必修课程，科学技术是防控疫情的重要“利器”。贯彻科学精神，我们不仅要正确认识人与自然的关系，牢牢握紧健康生活和学校管理规范的“护身符”，还要做好自律、自护，坚持修身、修心，隔离病毒，不隔离科学的认识。

学习挺身而出、奉献友爱的志愿精神。在严峻的疫情面前，无数的“最美逆行”和“平凡善举”汇聚成守望相助的强大力量，彰显真诚奉献的志愿精神。志合者，不以山海为远；愿诚者，足令金石为开。疫情暴发以来，无数大学生披上红马甲，为祖国奉献青春力量，用实际行动回应党的号召。一张桌子、一把椅子、一本册子、一把笔、一个口罩、一把红外线体温枪是他们的“标配”，“请停一下”“请配合测体温”“出门请戴口罩”“请做好出入登记”成了他们的高频语句。他们以一颗热忱之心，用最积极的行动守护着家园的安全，以最好的心态和状态应对这场大考，成为疫情防控期间一道靓丽的青春风景。志愿精神是战“疫”中的必修课程，是无数青年学子有责任有担当的见证。贯彻志愿精神，就是要把小我融入大我，时时担当努力做“勤学者”，处处关爱帮助“身边人”。

无论过去、现在还是未来，中国精神都是中华民族生生不息的精神密码，是中华民族凝心聚力的兴国之魂。“奋楫中流，气可鼓不可泄”。在防控疫情“行百里者半九十”的关键阶段，我们坚信，有党领导的最大优势，有厚实强大的综合国力，有强信心、暖人心、聚民心、筑同心的中国精神，战“疫”胜利可期。

勇担当　促思考　引成长

教育学院　杜成煜

习近平总书记在统筹推进新冠肺炎疫情防控和经济社会发展工作部署会议上强调："中华民族历史上经历过很多磨难，但从来没有被压垮过，而是愈挫愈勇，不断在磨难中成长、从磨难中奋起。"作为新时代大学生，我们如何审视当前发生的这样一起全球性的公共卫生事件，淬炼疫情大考中的生动"教材"，去思考、回答好时代的课题呢？

对标。突如其来的新冠肺炎疫情，按下了我们常规生活的暂停键，我们在审视生命的可贵与脆弱的同时，也应当深沉地思考生命的责任与价值。鲁迅曾说："我们从古以来，就有埋头苦干的人，有拼命硬干的人，有为民请命的人，有舍身求法的人。"疫情中的武汉，国士钟南山、"硬核"专家张文宏、金银潭医院院长张定宇、"希望国家给我分配一个男朋友"的田芳芳、顺丰小哥汪勇……他们作为"最美逆行者"秉持着共同的初心使命、责任担当挺身而出，奋战在前线直面困难解决问题，用生命来救治、唤醒生命，用付出和牺牲来守护、保卫家国，彰显着生命价值的光芒。纵观抗疫战场，无论是身在前线，还是守护家乡，无论是抗击疫情，还是恢复生产，青年人奋战的身影无处不在。面对国家需要、人民需要，青年朋友没有选择临阵退缩，而是选择迎难而上。正是国家的发展给个人发展以机会，正是社会安定给青春绽放以舞台。战"疫"，是保家卫国的战斗，也是守护个人生活微光的前行。正如李兰娟院士所愿："希望国家给年青一代树立正确人生导向，高薪留给才德兼备的科研、军事人员……少年强则国强，为祖国未来发展培养自己的栋梁之材。"我们新时代大学生要致敬这些国家真正的脊梁、学习平凡而鲜活的榜样，为自己的人生奋斗目标树立正确的价值导向。

思考。疫情肆虐，党和政府把公共卫生健康放在第一位，达成举国动员全民防疫的共识，是其他国家不可比拟的。这包括武汉封城冻结疫情地区的人员流动、停工停产停课减少人员聚集、集中力量调配跨省医疗及物资资源援助一线、深入每个街道社区村庄进行网格化抗疫，协同动员全社会力量打响打好抗击疫情的人民战争、总体战、阻击战。大学生在与时代同呼吸共命运中感受“众志成城、共克时艰”的中国力量，激荡内心对集中力量办大事、办难事、办急事的制度优越性的自豪感。不过抗疫过程中发生的发布会风波、蔬菜风波、双黄连风波、红十字会风波等一系列事件也在一定程度说明了我们的社会治理和应急管理运行体制机制等方面还存在进步提升的空间。青年大学生作为祖国的未来、民族的希望，肩负着中华腾飞的重任，经过此次抗疫磨难的洗礼，切实通过“勤学、修德、明辨、笃实”来增强驾驭未来风险挑战的能力和本领，主动参与推进国家治理体系和治理能力现代化的进程，以主人翁姿态投身民族复兴大业。

践行。在战“疫”队伍中，涌现出一批有责任、敢担当、讲奉献的大学生青年。这些大学生青年辞别亲友，勇敢逆行，活跃在物资搬运现场，做最坚定的抗疫青年；他们置身线上，为一线工作者子女辅导功课，用自己的方式守护战士；他们绘制逆行者漫画或撰写正能量网评……他们说：“抗疫一线就是我们的课堂。”这些大学生青年利用精心打造的空中课堂和丰富的在线课程资源，发挥自主性进行个性化探究性的学习，结合自己的思考开展深度学习，在“云端”思考碰撞，积蓄知识力量，守望希望的春天。青年党员志愿者主动请缨加入基层疫情防控工作、华中农业大学倡议师生就地参与春耕生产、医学博士研究生勇敢接过“老师的接力棒”……青年大学生把抗击疫情作为“自己最好的成长礼”，把专业实践书写在祖国的大地上。

我们能从疫情中学到些什么

教育学部　庄幼红

与往年不同，2020 年的寒假变得有些漫长。新学期已经开始，而新型冠状病毒感染的肺炎疫情仍未稳定。在教育部“停课不停学”的号召下，全国各地陆续开启了“云学习”模式。理论知识的学习固然重要，但此次疫情贴近生活实际，也不失为一堂生动鲜活的社会实践课。对于青年大学生来说，它就是一次“大学习”，从中可与时代同频、与社会共振，有所思考与收获。

一、学习疫情知识和防疫经验

有人说，人类史也是与病毒的抗争史。的确，我们人类已经领略过很多病毒的威力。往近了说，2003 年突发的非典疫情带给中国的苦痛还记忆犹新。往远了看，1918 年爆发的西班牙大流感让全球约 10 亿人在 1 年多的时间内被感染。而被称为“迄今世界上死亡率最高”的恶性传染病“埃博拉”的肆虐与反复也让人类时刻不安。著名作家加缪在《鼠疫》中曾说：“人类能在这场鼠疫和生活的赌博中赢得的全部东西，就是知识和记忆。”确实，无知和健忘最可怕。这也是我们首要学习的两个方面，一是疫情知识，二是防疫经验。作为学生，此阶段可以从医学专家的权威解读、媒体的深度报道和相关延伸阅读中较为全面了解相关的疫情知识。另一方面，通过阅读相关书籍、观看部分影视和全过程关注新冠肺炎疫情进展中积累防疫经验，如图书《鼠疫》《血疫：埃博拉的故事》、纪录片《非典十年祭》和纪实类电影《流行病》都是不错的选择。

二、掌握生存技能与关键能力

“在疫情结束后，你最想做什么?”这成为近期大家关注和热议的话题。我们过惯了便利和舒适的生活，不曾想有一天，公共交通停运，快递公司不发货，餐厅饭馆关闭，外卖小哥不出现，熟悉的生活一下子脱轨了。一开始，大家有慌乱，有无助，每日依靠父母投喂食物，面对新潮的“直播上课”无所适从。好在大家很快也适应了宅在家里的生活，纷纷成为“美食家”，也开始习惯于网络直播课堂的节奏和模式，然后感叹“也没那么难嘛”。蔡康永曾说，“15 岁觉得游泳难，放弃游泳，到 18 岁遇到一个你喜欢的人约你去游泳，你只好说‘我不会耶’”。是啊，你总不能等到不慎入水或者洪灾爆发了才后悔自己不会游泳吧?在日常生活中，掌握一些必备的生存技能和关键能力，能够让你在突发灾难和不断变更的新情况中反应迅速，应对自如。

三、体悟爱之深切与责任之重

持续一个多月的疫情让我们看到许多“逆行者”的伟大背影，也更深刻体会到身边人的爱与付出。不论是已年过八旬，却毅然奔赴抗疫最前线的钟南山，率领团队驰援一线李兰娟，还是许多倒在一线的医护人员、公安民警，以及无数在一线忙碌的社区人员、志愿者等，他们的挺身而出和义无反顾，让我们看到大爱与责任之深如大海、重于泰山，称得上是为国为民的中华脊梁。他们不怕感染，不怕死亡吗?没有人不害怕，只是在国家灾难当头，他们选择以无畏的担当履行医务职责；在人民生命面前，他们选择以专业的精神践行职业能力。而吾辈青年，是未来中国的希望，更需要从这些现实英雄的身上汲取精神力量，深刻体悟家国大爱和社会责任，真正付出努力并成为中国新时代的建设者和接班人。

四、学会敬畏生命与和谐共生

专家推断这场疫情可能始于野生动物。自古以来，人类不断征服自然，逐渐登上食物链的顶端。我们无所不用于食，无所不用其极，仿佛忘却了其他物种的生命尊严，也疏忽了来自于他们的生命威胁。2003 年的非典危机和鼠年的这一场战“疫”，我们需要沉下心好好反思人与自我、人与动物和人与自然的关系，明白我们彼此是共生生命体，并从生活中开始行动，敬畏自我的生命，培养良好的生活方式和个人卫生习惯，关注和爱护自己的身体；尊重其他生物的生命，与动植物友好相处，做到不吃野生动物，爱护花草树木；学会与自然和谐共生，顺应自然，呵护自然。在生活中认真践行垃圾分类，尽量选择绿色出行，努力落实节能减排，真正建设美丽中国。

后疫情时代校园“食”尚，你了解吗？

数学与信息学院　陈林婕

经历了史上最长假期后，重归校园的你们是否了解后疫情时代的校园“食”尚？习近平总书记近日对制止餐饮浪费行为做出重要指示，要求全社会对粮食安全始终要有危机意识，要营造浪费可耻、节约为荣的氛围。在大学校园中悄然兴起一场“餐桌革命”，食堂还推出了用餐“小妙招”，特供“小份食量”，让同学们在吃饱吃好的基础上，减少粮食浪费，还省钱！拒绝“舌尖上的浪费”，让节俭之风吹遍校园。

崇尚节俭，中国优秀传统文化的传承

古往今来，尚俭戒奢、朴素节俭一直是中华民族的传统美德。我国是传统的农业大国，李绅在《悯农》描述农民“汗滴禾下土”的辛劳引发了人们心中“粒粒皆辛苦”朴素的共鸣，让我们感受了稼穑不易、民生多艰，就是在这历史悠久的农耕土地上形成了具有中华特色的崇尚节俭的文化。诸葛亮在《诫子书》中以“夫君子之行，静以修身，俭以养德”的表述把节俭作为君子修身养德的途径。1949年3月，站在历史的转折点，毛泽东深刻地提出“两个务必”，要求党员干部“务必继续保持艰苦奋斗的作风”，这既是对过去革命胜利经验的总结，又是对全体党员的警示。今天，习近平总书记指出，勤俭是我们的传家宝，什么时候都不能丢。

节俭和经济条件无关，体现的是绿色环保的生活方式和艰苦奋斗的精神面貌，即便是花得起钱、买得起东西，也要根据实际情况理性消费。高校学生更应从自身做起，从小事做起，点小份饭菜、随手关灯关水，营造勤俭节约、艰苦奋斗的良好风尚。

崇尚节俭，后疫情时代的现实要求

夏粮丰收，库存充足。这在新冠肺炎疫情肆虐、南方洪涝灾害频发的情况下，实属不易。老百姓手中有粮，心中不慌，这给老百姓吃了一颗定心丸。虽然我国粮食储备充足，但这种衣食无虞的局面来之不易。后疫情时代，大学生更应该客观、理性地面对现实，提高思想认识，从光盘行动做起，节约粮食、崇俭拒奢。崇俭不仅仅是对人力、物力、财力的节约，更是个人素质和价值追求的体现。崇俭绝不会丢脸面，相反，大手大脚、铺张浪费是对劳动者的不尊重，是对资源的浪费，更是素质欠缺的表现。大学生是青年的优秀代表，应当从珍惜一粒米做起，不讲排场、不比阔气，静以修身、俭以养德。

崇尚节俭，后疫情时代的校园“食”尚

做一名时代新风的推动者。勇于担当社会责任，自觉把节俭节约的理念融入社会生活各方面，使浪费可耻、节约为荣蔚然成风，带动更多的人加入到文明节俭的行列中来，推动形成人人崇尚节约的社会氛围。

做一名惜粮节粮的践行者。从我做起、从日常做起、从点滴做起。日常餐饮，以“光盘”为荣，以“剩餐”为耻，做到餐餐光盘，坚决遏制学校食堂餐桌浪费现象，持续推进“光盘行动”。

做一名厉行节约的示范者。切实增强厉行勤俭节约、反对餐饮浪费的自觉意识，争当勤俭节约的排头兵，带头在校园落实餐饮节约的各项措施。以身作则，树立浪费可耻、节约为荣的观念。

做一名勇于担当的督导者。抵制餐饮浪费，不仅要“独善其身”，而且要“兼善天下”。看到校园中有餐饮浪费的现象，要勇敢上前坚决制止；发现因饭菜口味、质量等原因导致的餐饮浪费现象，要及时反馈。

逆水行舟，一篙不可放缓；滴水穿石，一滴不可弃滞。崇俭拒奢，让我们共同践行餐桌文明，守护我们的校园。

疫情防控，我在行动

教育学部　詹红燕

疫情之下，学生能不能提前返校呢？答案毋庸置疑：一定不能提前返校。

2020年1月27日，福建省教育厅发布通知，明确推迟全省大中小学幼儿园2020年春季学期开学时间，未通知正式开学前，严禁任何学校擅自提前开学。我们可以明确关键信息是：未接到学校通知，一定不能提前返校。

疫情就是命令，防控就是责任。在这场没有硝烟的战争中，我们每一个人不仅是受害者，更是搏击者。在疫情防控的斗争面前，每一位同学都要自觉肩负起时代赋予的使命与责任，与祖国同呼吸共命运。作为大学生，我们应该做到以下三点：

一是对自己，提高警惕意识，做好疫情防控。一方面，思想上要高度重视。看着确诊人数的上升，疫情扩散区域不断扩大，我们不能再掉以轻心，不能心存侥幸心理，总以为被传染的概率不高，倒霉事不会发生在自己身上；不能因为无聊烦闷，想出去透透风串串门。要知道，阻击疫情没有局外人，同舟共济的故事里每个人都是主角，需要我们每个人心往一处想，劲往一处使，各自履行好自己的社会责任，才不会让无数人的努力功亏一篑。我们必须坚决服从党中央统一指挥、统一协调、统一调度，做到令行禁止。另一方面，实践上要付出行动。不能因为“憋”得太久，便想放飞自我；要切切实实减少非必要的外出活动，出门要科学戴口罩，以免在途中被感染。在家要做到“勤洗手、勤通风，打喷嚏、捂口鼻，喷嚏后、慎揉眼”。作为一名大学生，我们要知敬畏、存戒惧、守底线，既对自己负责，也对他人负责。

二是对社会，学会独立思考，提高辨别能力。在疫情扩散期，各类“网传”“听说”等谣言信息不断刺激着大家的恐慌情绪。网络上的一点风吹草动，总会挑动人们的神经，网络谣言是另一种极具传染性的“病毒”。正所谓“造谣一张嘴，辟谣跑断腿”，作为一名大学生，我们不仅要防疫更要防谣，面对网络上各种形形色色的言论，我们一定要保持足够的理性，学会独立思考，提高辨别能力，不信谣、不传谣、不造谣，关注权威消息，积极传播正能量，不给谣言留下滋生的土壤和空间，打赢疫情防控阻击战。

三是对国家，常怀感恩之心，与祖国共患难。在疫情防控过程中，党中央、国务院高度重视，成立应对疫情工作领导小组，对疫情防控进行统一领导、统一指挥，全国人民上下一心，众志成城，凝心聚力防控疫情。年过八旬的钟南山义无反顾赶往前线；除夕之夜，135 名医生离开重庆奔赴武汉；日夜鏖战，十天赶出一个火神山医院；还有那一封封“不计报酬，无论生死”的请战书，满满的红手印，铮铮的誓言……每个时代都有不同的英雄，每一位奋战在防疫第一线的“逆行者”，都值得我们尊敬。众所周知，我们这个民族，是从逆境中一步步成长起来的。作为一名大学生，在国家有难时，我们要相信国家，相信政府，增强“四个意识”，坚定“四个自信”，做到“两个维护”，与国家共同抗击疫情。

冬日苦寒，总有春暖的时候；黑夜漫长，总有黎明的时候；疫情凶猛，总有过去的时候。在这次疫情斗争中，我们要坚定必胜信念，万众一心，众志成城，夺取抗击疫情斗争的最终胜利。

你我携手，共同战“疫”

法学院　赖丽慧

在这场没有硝烟的战役里，谁都不是旁观者。这是一场齐心协力的战“疫”，每一个人都要交出自己的答卷。当代大学生要坚守信仰、坚持信念、坚定信心，自觉担起公民责任、社会责任、时代责任。

服从安排，做敬畏的“守规者”。要知敬畏、存戒惧、守底线。生命重于泰山，疫情就是命令，防控就是责任。新型肺炎危害不容小觑，大学生在面对疫情时务必在思想上再重视、行动上再配合、执行上再积极，用自身的“守规则”为防疫抗疫做贡献。坚决配合好居住地和学校的防疫工作，不给抗疫添乱。要充分认识此次疫情的严重性和理解学校的良苦用心，严格遵守学校的相关规定，积极配合学校的相关工作。

科学防护，做健康的“呵护者”。在这场没有硝烟的战“疫”中，有人奔赴前线，有人守土尽责，有人慷慨援助。“哪有什么岁月静好，只是有人为我们负重前行。”身后有很多的英雄正在为大家的健康平安保驾护航。我们虽然不能像那些“最美逆行者”那样冲锋在战“疫”一线，但是在疫情防控的斗争面前，保护好自己就是在为打好疫情攻坚战做贡献。一方面，提高防控意识，拒绝侥幸心理。积极配合防控工作，切实减少外出活动。特殊时期，宅在家、不串门、不聚集就是最安全有效的自我保护，同时能助力国家构筑起群防群治的严密防线。另一方面，养成良好习惯，关注身体健康。学习新型冠状肺炎病毒的相关防控知识和保护举措，密切关注自身和身边家人的身体状况，精心照顾自己，细心呵护家人。正确认识、科学预防，就是对生命最起码的尊重。

理性思考，做谣言的“粉碎者”。这段时间关于疫情的各种虚假信息层出不穷，花样翻新，不断刺激着大家的神经。谣言其实也是极具传染性的“病毒”，病毒传染损害肌体，谣言传播搅乱人心。“谣言止于智者”。面对蜂拥而至、纷繁复杂的信息时，我们要提高辨别能力，不能成为谣言的放大器、“伪科学”的“二传手”。要通过政府和学校官方渠道了解和掌握疫情动态、防治知识，不信谣、不传谣、不造谣，自觉做科学的传播者、谣言的粉碎者。同时要保持理性思考，避免被信息的洪流裹挟而行。

合理规划，做智慧的“修行者”。疫情期间，与其在无聊中蹉跎，不如好好利用这个“超长假期”，充实自己。一是以“读”攻“毒”，及时“充电”。利用互联网和信息化教育资源进行线上学习，从纸质书中吸纳能量，拓展自身的知识视野，提高自身的知识储备。二是挖掘潜能，释放“能量”。利用这段时间发展兴趣爱好，学习多种技能。我们看到很多同学变成了“美食达人”，在家尝试着做各种各样的美食，还有一些花样健身方式，只有想不到没有做不到。自己动手做的手工艺品，赏心悦目……丰富多彩的方式充实了这个假期。三是静下心来，避免焦虑。既然暂时不能前行，那就抛开不必要的焦虑，学会静下心来。我们可以享受一段独处的时光，回顾过往的时光，思考未来的方向，在安静中思考，在思考中沉淀。我们也可以陪伴家人，尽情享受亲情的美好时光。

没有一个冬天不可逾越，没有一个春天不会来临。相信在大家的共同努力下，阴霾终将过去，战“疫”必将胜利。待到春暖花开，你我平安相会！

同心同向　坚定信念　勇担责任　静待花开

心理学院　谢小芬

新型冠状病毒感染的肺炎疫情牵动着每一个人的心，家人闲谈、微信聊天、朋友圈分享的话题三句不离最新疫情的进展，在这场异常艰难的战“疫”中，任何人都不可能是“局外人”，都不可能置身事外，只有所有人都承担起应有的责任，才能打赢这场没有硝烟的共同战“疫”。

习近平总书记强调：“生命重于泰山，疫情就是命令，防控就是责任。”为坚决打赢疫情防控阻击战，在党中央的坚强领导下，全国上下坚定信心，同舟共济，科学施策，无数的人成为最美的“逆行者”，无数的人挺身而出，无数的人舍“小家”为“大家”英勇奋斗在最前线。“疫情不控制，我们不回家”“疫情不退，我们坚决不退”“如有战，召必回，战必胜”的请战书温暖着我们，激励着我们，给予我们力量和信心。作为与新时代共同前进的青年大学生，我们更应该坚决地贯彻党中央的决策部署，肩负起疫情防控斗争中的时代责任，为坚决打赢疫情防控阻击战贡献我们应有的力量。

成为“明辨者”，提升独立思考能力

病毒伤及生命健康，谣言则扰乱人心。新冠肺炎疫情发生以来，与疫情传播态势、病毒的来源、防治措施相关的不实消息在网上传播扩散，动摇人心，制造恐惧、加剧恐慌，阻碍疫情防控，危害社会稳定。作为当代大学生，我们要积极关注疫情发展态势，以《人民日报》、人民网、新华网等官方权威宣传平台的数据和信息为准，凡事多问一问源头，问一问细节，问一问权威，提高独立思考能力，明辨是非能力，不转发非官方、未经证实的疫情文章或者链接，发现不明来源的信息、非法传播的影像资料等及时上报，做好网络监督，成为谣言的终结者而不是传播者。

成为“守护者”，提升自我防护能力

“最美奋斗者”曲建武老师在疫情防控面前向广大青年学生发出号召：“面对病毒，最好的爱国就是做好自己应当做的事情。”青年大学生应该从战“疫”全局出发，认真落实疫情防控的要求，不能在疫情当前放松警惕，存在侥幸心理，不按防控措施加强自身和家人的保护。每一个人的健康，每一个家庭的健康都是打赢这次战“疫”的基石，青年大学生应带头提高认识，高度重视，务必不聚会、不串门；务必不宰杀活禽，不吃野生动物；务必不缓报、瞒报、漏报相关信息；配合国家、当地政府以及学校辅导员老师在疫情防控期间的工作安排，及时登记相关信息；实时监测健康状况，如有出现发热、咳嗽、乏力、气促等症状，要及时到当地指定医疗机构进行排查和诊治；宅家的过程中要保持规律作息，科学饮食，保证充足睡眠，适当开展居家室内运动，增强免疫力。积极劝导身边的亲朋好友落实好正确防护措施。

成为“修行者”，提升自主学习能力

为全力做好疫情防控工作，教育部、福建省教育厅和福建师范大学都做出了推迟2020年春季开学时间和调整有关教学工作的决定，教务系统陆续开放了新学期教学计划的63门“线上教学”“线上线下混合教学”本校课程，加上引入的53门外校课程以及网络慕课在线课程，可供线上学习的资源是足够充分的。同时，学校也要求教师将课程进度、阅读文献、讨论问题等提前布置和告知，通过“课程群”在线方式加强线上沟通，为的就是让大家能够实现“假期延长，学习不断”的效果，这个是我们在保障自身身体健康的同时，需要在这个难得的假期中进行合理安排的，在家线上学习的我们需要具有更强的自律性，增强自我增值的内生动力，自觉加入到课程学习中；假期的顺延也让我们慢下来，能够与家人坐下来一起促膝长谈思考职业生涯发展、就业前景和就业发展方向，明确职业发展目标、制定职业发展规划，落实职业发展措施，扎实提升职业竞争力。

成为“践行者”，提升专业实践能力

2020 年 1 月 26 日，中国青年志愿者协会发布《关于青年志愿者组织和志愿者开展疫情防控应急支援服务的工作指引》，各省青年志愿者协会均已开展志愿者征集和招募工作，各地市、县防疫工作部门也在向各界征集线上和线下的志愿服务。2020 年 1 月 31 日，共青团中央发布了《关于坚持党的领导，全团动员，在防控疫情阻击战中充分发挥共青团生力军和突击队作用的通知》，号召共青团要充分展现党的助手和后备军的担当，展现青年生力军和突击队的作为，挺身而出、冲锋在前，为坚决打赢疫情防控阻击战贡献力量。青年大学生要自觉担当起时代责任，成为打赢疫情阻击战的参与者和践行者，贡献青春力量，在做好自我保护，保障自身健康的前提下，根据所在地的需求、自身实际情况和所学专业特长参与线上、线下志愿服务，参与到区县、街道、城市社区等防护工作网络中，落实联防联控措施，力所能及地当好“第一响应人”，在疫情防护宣传、政策措施解读、稳定社会情绪方面，提供可满足基础性要求的志愿服务，合力构筑群防群治的严密防线。

同“心”战“疫”

经济学院　张　翼

2020年，新冠疫情突袭神州大地，在这场难题频出、风险屡现的疫情大考之下，中国用行动交出了一份令人满意的答卷：从疫情之初被称为是世界上“最危险”的国家，变成现在世界上“最安全”的国家。令人惊叹的“中国答卷”背后，是举国之力的攻坚克难，是各方资源的统筹协调，是全国人民的万众一心。从一个个最美逆行者，到一封封战“疫”家书，从一本本战“疫”日记，到一声声“铮铮”誓言，亿万的中华儿女连成了线、铺成了面，他们以“爱国之心”为底色，以“责任之心”为笔锋，以“感恩之心”为温度，以“必胜之心”为信念，以“报国之心”为坚守，同“心”战“疫”，为争取早日打赢疫情防控阻击战交出了满意的时代答卷。

疫情答卷里的底色，是拳拳的爱国之心

面对疫情的肆虐，全国人民同心同德，万众一心，抗击疫情。党员干部闻令而动、身先士卒、冲锋在前、顽强拼搏，全力做好防控工作的“领军者”；医护人员逆风而行，舍小家顾大家，救死扶伤、日夜奋战，做大爱无疆的“逆行者”；各行各业伸出援手，有钱的出钱、有物的出物、有力的出力，做共筑抗击疫情钢铁长城的“守护者”。一方有难，八方支援，无论是医护工作者夜以继日的辛苦付出，还是全国亿万人民众志成城的相互支持，都让人热泪盈眶，亿万中华儿女用真心、用温情、用坚守、用行动，合力守护我们的家园。这就是今日之中国，强大的中

国，团结的中国，有爱的中国。没有安定富强团结的国，哪来的安稳幸福温情的家？疫情的答卷里，是一桩桩爱国的故事，是一颗颗爱国的真心，全社会共筑了中华民族国家有难、匹夫有责的磅礴伟力和精神之魂，凝聚了中华民族众志成城、共克时艰的爱国之情和爱国力量。

疫情答卷里的笔锋，是深深的责任之心

真情传递大爱，奉献诠释职责。疫情来时，年过八旬的钟南山院士再次临危受命，我们忘不了他在赶往武汉高铁餐车上的一幕和那句“义所当为，虽死不避”；73 岁的李兰娟院士带队驰援武汉“当一个医生”，我们忘不了她那句“战‘疫’不成功，我就不撤兵”；武汉“最美快递员”汪勇逆行前进做“生命摆渡人”，我们忘不了他不回家接送医护人员上下班的一幕幕……在全民战“疫”过程中，温暖和感动交织，责任与奉献同在，虽然我们不能像白衣天使一样去前线抗击疫情，但作为新时代的青年，我们一直有着自己对家国的责任与使命：在家中做好家庭防护的监督员，做好自我防护、安心居家隔离，及时向家人宣传科学的防疫知识，科普正确的防疫方法，这就是对自己、对家人、对其他人健康负责的体现；在家中认真完成每日信息上报，一个人就是一个数据点，100%少不了每一个 0.01%，做好“停课不停学”的个人准备和计划，夯实科学文化知识，这就是对自己和学校负责的体现；参加社区志愿服务，发挥聪明才智，帮助社区做好防疫工作，穿好“精神防护服”，自觉抵制谣言，这就是承担社会责任的体现。这次疫情大考，每一个青年学子也在上交着自己的青春答卷，这答卷中，有责任，有使命，更多的是以青春之姿态、担小我之责，将小我融入大我，成就青春之榜样。

疫情答卷里的温度，是浓浓的感恩之心

疫情与突发灾难对我们每个人都是一场刻骨铭心的生命教育。冰冷

的死亡数字后面，是关于生命的灾难；救治的每个数字前面，都是“拼了命”的生命守护。疫情期间，每天新增的死亡数字背后，是一个个鲜活的生命悄然逝去，一个个家庭陷入阴霾与悲痛。一场疫情，见证人间百态，让我们再次感受到生命的脆弱。所谓至亲，就是为彼此抵挡灾难袭击的人。死生契阔之间，家人在旁，是支撑我们走下去的力量。锅碗瓢盆，柴米油盐，是家人数十年如一日的养育与栽培，如今能主动分担家务，为父母做一顿简单的饭菜是成长的味道，与父母闲聊谈心是爱的气息；珍惜有他们相伴的光景，属于这个寒冷冬天最温暖的记忆。日月星辰，皆是陪伴，这也是无数战斗在一线救死扶伤迎难而上的医护工作者奢望的生活，更是这些逆行者的奉献与守护，才能让我们有如此幸福的生活。岁月静好，是有人为我们负重前行，疫情答卷里最暖的温度来自我们的感恩，感恩我们的父母，感恩勇敢的战士，感恩无私的英雄，感恩伟大的国家。

疫情答卷里的信念，是满满的必胜之心

疫情发生后，党中央针对湖北省不同地区疫情严峻、复杂、多发态势，“对症下药”采取“一省包一市”等策略，调配人力、财力、物力不断驰援；各地也纷纷采取最严格、最全面、最及时的防控举措，一时间，村口有红袖章，社区有小红帽，道口有执勤员，群防群控、联防联控做到了“极致”，中国特色社会主义制度优势得到有力彰显。疫情是一块试金石，防控工作取得的成效，再次彰显了我国国家制度和国家治理体系多方面的显著优势，用十天时间建成的火神山医院，用十五天时间建成的雷神山医院，举全国之财力、物力、人力，来控制一场疫情，以最短的时间、最严格的举措，将疫情的影响降到最低，我国的制度优势在防控态度、速度、力度、温度方面向世界交了一份满意的答卷。疫情之下，青年一代更能够深刻感受到中国共产党的坚强领导、中国特色社会主义制度的显著优势，更应该坚定对中国特色社会主义的道路自信、理论自

信、制度自信和文化自信，以必胜的信心担负起时代赋予的重任。

疫情答卷里的坚守，是殷殷的报国之心

在这场疫情大考的每个段落里，我们又一次看到了全国亿万人民众志成城的相互支持，又一次惊叹于党和国家力量的强大，又一次感受到了“中国”这两个字带来的温暖与美好，在我们共克时艰的背后，是我们的祖国对我们的“托举”。这一份托举，可以是对微观个体的免费医疗，也可以是在宏观层面的集中力量办大事，甚至可以是在人类命运共同体中的大爱与大义，在疫情大考的答卷里，我们看得到一个大写的中国，而大写的中国更需要的是大写的青春！新时代青年责任在肩，应该立报国之志，践报国之行。青春大有可为，青春必有可为，作为当代青年大学生，我们要担当起时代赋予我们的使命，用读书积蓄力量，用行动肩负责任，用拼搏昭示未来，练就扎实本领，好读书，读好书，认真钻研专业知识，认真规划职业方向，在等待中提前蓄势，在国家需要时能够冲锋陷阵，贡献自己的青春力量。

冬去春来，万物复苏，山河无恙。新冠肺炎疫情的突袭，让2020年的春天注定成为中华民族史册上难以忘却的一页，如今疫情形势在逐渐转好，但这场大考还没有结束，这是考验更是洗礼。疫情是“出卷者”，党和政府是“答卷人”，但答卷的其实不仅仅是党和政府，更有党和政府所带领的人民，每一个中国人都在答卷上写下了自己的答案。立足新时代，面对新挑战，青年学子要找到人生成长的新坐标，立鸿鹄志，做奋斗者，要将个人梦融入民族梦，用中国梦激扬青春梦，同“心”战“疫”，接续疫情答卷里的“五心”好评，把励志成才、报效国家、奉献人民的行动镌刻在祖国大地上，让青春战“疫”在新时代的征程中闪耀光芒。

家国情怀

无论我们走得多远，都不能忘记来时的路。“家国情怀”这一中国人素有的思想情感，凝聚起同心同德、共克时艰、奋勇追梦的伟大力量。厚植青年的家国情怀，强化青年的使命担当，是引导青年成长成才的重要方面。引导广大青年热爱伟大祖国，听党话、跟党走，胸怀忧国忧民之心、爱国爱民之情，正当其时，水到渠成。

警惕历史虚无主义的“塔西佗陷阱”

学生工作部　杨建义

历史虚无主义思潮的本质是历史唯心主义，其目的在于否定社会主义道路、否定中国共产党领导、否定马克思主义指导思想。这一点已为学术界所共识。但是其逻辑预设和现实影响中的“塔西佗陷阱”值得警惕，对党和国家的公信力具有极大的破坏性。

“塔西佗陷阱”这一概念最初来自《塔西佗历史》，“一旦皇帝成了人们憎恨的对象，他做的好事和坏事就同样会引起人们对他的厌恶”。由此引申出人们今天对“塔西佗陷阱”的理解，即当执政者丧失公信力后，无论说什么做什么，人们都会认为他是在说假话、做坏事。任何矛盾都不可能只有一个方面。塔西佗话语的原意，既批评当时的皇帝，又指向群众的主观好恶。由此可见，民众对党和政府的信任，不仅取决于党和政府做了什么，也取决于民众的主观好恶，还与媒体引导、社会心理等因素紧密相关。历史虚无主义抓住了这个逻辑，通过虚无历史来误导人们的主观好恶，埋下“坏的主观性”，从而实现对党和政府公信力的消解，以此达到否定的目的。

第一，历史虚无主义以否定“历史选择”的客观性，消解党和政府公信力形成的历史逻辑。党和政府的公信力形成离不开历史逻辑。在革命建设改革过程中，中国共产党的执政地位、马克思主义指导思想、中国特色社会主义道路得到了中国人民的充分认同与支持，并对此形成了稳定的政治信念。这是党和政府公信力的历史记忆和历史逻辑。而历史虚无主义攫取了解构主义内核，或通过所谓“秘密日记”、回忆口述柔性渗透，或对历史事件、人物进行粗俗戏说、恶搞，或以视频音频、表情包、内涵段子等进行历史“嘲讽”，否定中国近现代史的“官方叙事”与“宏大叙事”，渲染出一种历史已经缺乏信赖和认可的负面氛围，引发人们对历史的错误性认识。以此否定社会发展的一般规律，否定历史发展的内在客观逻辑，进而否定中国走社会主义道路、中国共产党执政地位的历史选择，质疑党和政府公信力的历史逻辑基础。习近平总书记指出，历史虚无主义的要害，是从根本上否定马克思主义指导地位和中国走向社会主义的历史必然性，否定中国共产党的领导。对此，我们要主动发声，让正确的声音先入为主，我们不能默不作声，要及时反驳，让正确声音盖过它们。

第二，历史虚无主义以否定“人民选择”的主体性，割裂“爱国爱党爱社会主义的统一”。中国革命建设改革的道路是人民的选择，也是人民的力量推动着事业的发展。这是毫无疑问的。同时，中国近代以来的道路探索表明，中国共产党的诞生是开天辟地的大事件，由此开启了民族复兴的新篇章。正如习近平总书记指出，建立中国共产党、成立中华人民共和国、推进改革开放和中国特色社会主义事业，是五四运动以来我国发生的三大历史性事件，是近代以来实现中华民族伟大复兴的三大里程碑。因此，与西方话语中强调政党、政府、社会的相区别甚至相对立不同，中国共产党与广大人民群众有着天生的血脉联系，“爱国爱党爱社会主义的统一”是中国特色、中国优势。这是党和政府公信力的内在逻辑。但是，历史虚无主义把“历史作为任人打扮的小姑娘”肆意歪曲，或通过散布“革命破坏论”，以赞美“民国”来有意贬损新中国；或污蔑党的历史和新中国历史是“一系列错误的延续”；或夸大建设中的失误，将“纠左”与“纠社会主义”画上等号。历史虚无主义以此种种来否定近代以来中国道路是“人民的选择”，割裂爱党爱国爱社会主义之间的统一关系，蓄意营造党和政府与民众之间的情绪罅隙、心理隔阂，并与经济社会发展中一些不尽人意的问题形成“想象性”关联。对此，既要旗帜鲜明坚持真理，深入阐释“爱党爱国爱社会主义的统一”的历史逻辑和现实必然，批驳割裂这种统一的谬误；又要用好法治手段，对恶意攻击党和国家领导人、攻击革命英烈、攻击社会主义制度、歪曲党史的割裂言行，依法追究法律责任。

第三，历史虚无主义利用新媒体误导民众形成不信任的新闻观，消解党和政府的公信力。信任是社会发展的基础，公信力是宝贵的执政资源。新闻传播是沟通党和政府与民众之间的重要渠道，是构建公信力的重要力量。习近平总书记强调，要把握正确舆论导向，提高新闻舆论传播力、引导力、影响力、公信力，巩固壮大主流思想舆论。新闻媒体要坚持正面宣传为主，更好强信心、聚民心、暖人心、筑同心。但是，历史虚无主义却以夸大“负面”为噱头，利用网络传播“情绪化”“碎片化”的特征，抓住一些争议性事件，故意渲染群体情绪，在网络上制造一个情感先于事实、质疑多于共识的“后真相”语境，形成“三人成虎”传播氛围，使其核心观点、评价历史的方法和价值取向潜伏到大众的心理层面，让人们的思想和情感因无意识的暗示和相互传染作用而转向，形成对主流媒体的解构之力，试图让主流媒体在民众中失语失声失信，以此阻断或削弱党和政府公信力的形成。网络是意识形态斗争的主战场、主阵地、最前沿。要牢牢把握正确舆论导向，唱响主旋律，壮大正能量，做大做强主流思想舆论，把全党全国人民士气鼓舞起来、精神振奋起来，朝着党中央确定的宏伟目标团结一心向前进。

第四，历史虚无主义以“坏的主观性”作为社会心理预设，从而在现实评价中投射不信任。从公信力的现实性上来讲，事实是第一位的、感觉是第二位的。党和政府始终坚持在发展中保障和改善民生，增进人民福祉，保持社会大局长期稳定。中国也由此成为世界上最有安全感的国家之一，这也为党和政府公信力的形成奠定了深厚的现实基础。而历史虚无主义却抓住有分歧的热点、争议性历史话题进行议程设置，形成“坏的主观性”预设，如“远离崇高”“质疑主流”“一切都别当真”“历史是用来玩的”等错误思想观念，并辅以个人理解的名义，将评判交给大众，试图通过长期沉浸以形成特定的群体无意识。这种群体无意识在一定场合下会自然流露出来，并以此投射现实生活，形成对现实的不信任。对此，要用客观事实来回应主观感受，以客观性遏制“坏的主观性”的张扬。正如习近平总书记指出，事实就是事实，公理就是公理。在事实和公理面前，一切信口雌黄、指鹿为马的言行都是徒劳的。黑的就是黑的，说一万遍也不可能变成白的；白的就是白的，说一万遍也不可能变成黑的。一切颠倒黑白的做法，最后都只能是自欺欺人。

在社会主义现代化建设和中华民族伟大复兴进程中，我们现在所处的，是一个船到中流浪更急、人到半山路更陡的时候，是一个愈进愈难、愈进愈险而又不进则退、非进不可的时候。要警惕历史虚无主义的“塔西佗陷阱”，“把以人民为中心的发展思想体现在经济社会发展各个环节，做到老百姓关心什么、期盼什么，改革就要抓住什么、推进什么”，以人民的获得感、幸福感和安全感进一步凝心聚力，继续走好新时代的长征路。

新时代爱国主义情怀的“变”与“不变”

马克思主义学院　金程远

2019年1月17日，习近平总书记到南开大学考察时高度赞扬了老校长张伯苓的“爱国三问”。1935年，张伯苓校长在南开大学开学典礼上，问了师生三个问题：“你是中国人吗?”“你爱中国吗?”“你愿意中国好吗?”在当时中华民族危亡之际，这朴素的三问，点燃了师生的爱国斗志。爱国是人世间最深层、最持久的情感。爱国主义是中华民族精神的核心，始终是中华民族坚强团结在一起的精神力量，也是从古至今亘古不变的话题。

中华人民共和国成立70多年来，全国各族人民同心同德、艰苦奋斗，取得了令世界刮目相看的伟大成就。如今重谈“爱国主义情怀”的话题，一起探寻新时代爱国主义情怀的“变”与“不变”，对于我们每一个大学生来说都有着特殊且重要的意义。孙中山就曾说过，“做人最大的事情就是要知道怎么样爱国”。随着中国特色社会主义进入新时代，“爱国主义是不是可以弱化了”“新时代大学生如何爱国”……这些问题首先都需要从新时代爱国主义情怀之“变”里去理解和把握。

一是把握形势之变，从复杂环境中激发爱国斗志。历史上，我们经历和推崇的爱国主义英雄都在保家卫国中浴血奋战，“宁做流浪汉，不做亡国奴”的呐喊刻骨铭心。今天的中国远离了战火的硝烟，也已经告别了饥不果腹的困难时期，和平与发展是当今世界时代的主题，那么爱国主义是不是可以弱化了呢?要知道，随着中国的繁荣发展和在国际上影响力的不断上升，外部势力对我们的干扰越来越多、越来越复杂，我国周边安全面临着巨大挑战，西方意识形态的隐蔽性渗透强烈冲击着我们的主流意识形态，各种错误思潮和观点的侵蚀使得我们国家的发展环境错综复杂，形势依然严峻，发扬爱国斗争精神可以说是一刻不容放缓。

二是把握基础之变，从伟大成就中增强兴国自信。很多时候，我们这一代人的爱国主义情怀的萌芽来自于中国近代的屈辱史教育，从签订割地赔款的不平等条约到认清清政府的腐败无能，再到救亡图存的艰难胜利，无数爱国仁人志士做出了巨大的牺牲。读史可以明志，但是多关注当代可以增强信心，我们不能简单地把爱国主义等同于近代的“落后就要挨打”的历史追溯，更要认识到爱国主义体现在社会主义建设和改革的伟大进程中。中国如今正阔步走近世界舞台的中央，我们要从改革开放的伟大成就中找到兴国的自信，在新的基础上展望国家的美好未来。

三是把握主题之变，从征程目标中牢记强国使命。不同的历史时代，爱国主义有不同的主题，中国近代的爱国主义主题就是抵御外来侵略和民族的救亡图存。如今随着中国特色社会主义进入新时代，时代发生了巨大变化，爱国主义的主题也要随之转化，才能更好地汇聚力量为国家富强、民族发展做出贡献。新时代承载着中国共产党新的历史使命，也凝结着中华民族伟大复兴的美好憧憬和不懈追求。建设社会主义现代化强国，实现中华民族伟大复兴就是我们这个时代爱国的主题，也是每一个大学生怀揣强国之志的使命。

当然，在把握新时代爱国主义情怀新变化的同时，还应看到这其中“不变”的就是长久以来，亿万中华儿女始终秉承家国情怀，把个体价值、家庭价值的实现与国家民族的命运紧密相连，推动久经磨难的中华民族迎来了从站起来、富起来到强起来的伟大飞跃。这种情怀是对国家和民族的浓浓之情、拳拳之心，是中华民族和中国人民的特殊品质，多少年来，从没改变过这份真挚的感情。

习近平总书记强调：“要在厚植爱国主义情怀上下功夫，让爱国主义精神在学生心中牢牢扎根，教育引导学生热爱和拥护中国共产党，立志听党话、跟党走，立志扎根人民、奉献国家。”对于每一个新时代青年来说，爱国就是要把学习的具体目标同民族复兴的宏大目标结合起来，为之而奋斗。只有把小我融入大我，才会有海一样的胸怀，山一样的崇高，才能做出属于我们这一代人的贡献。

山河已无恙，英雄请回家！

协和学院　陈宜胜

2019年4月3日上午，第六批10具在韩中国人民志愿军烈士遗骸及相关遗物在中国空军专机护送下抵达了沈阳桃仙国际机场。英烈们终于回到祖国母亲的怀抱。

我相信很多同学通过新闻报道看到这一幕时都热泪盈眶。半个多世纪前，上百万中国军人满怀报国激情，雄赳赳、气昂昂跨过鸭绿江，踏上抗美援朝的战场。炮火无情，不少军人从此再也没有踏上故土。如今，山河已无恙，英雄请回家，我们用最高的礼遇迎接他们回家。

毛泽东同志在《七律·到韶山》这么写道："为有牺牲多壮志，敢教日月换新天。"无数的英烈为正义事业而献身，他们的牺牲重于泰山。无数英烈志士用生命和鲜血为国家和民族谱写了可歌可泣的赞歌，他们热爱祖国、忠于人民、无私奉献、敢于牺牲的烈士精神永远值得我们传承学习。

一代又一代勤劳勇敢的中华儿女，在英烈开辟的道路上矢志奋斗，砥砺前行。今天我们伟大的祖国，伟大的中华民族正在以越来越自信的姿态屹立于世界舞台，我们国家的综合实力也大幅提升。然而历史也时刻警醒我们：居安思危，越是这个时候，我们越不能有丝毫的松懈。全面深化改革之路不可能一帆风顺，在新的历史征程上，容不得我们有一丝一毫的倦怠，我们还需要继续坚持走中国特色社会主义道路，凝聚共识，弘扬先烈精神，将中华民族复兴的伟大事业不断推向前进。

在新的历史征程上，弘扬烈士精神要求我们必须树立远大的理想信念，努力学好专业知识，锻炼意志品质。我们当代大学生肩负着祖国和民族的希望，必须树立远大的理想，把实现中华民族伟大复兴作为自己的责任，提高全球意识，认清形势，肩负责任。生活学习中，我们要努力培养自己的责任意识，积极投身中国特色社会主义事业的建设中去。我们要努力学好专业知识，提高自己的综合素质，打好基础，掌握本领，把个人的前途命运与国家和民族的前途命运紧密联系起来，学习先辈们的伟大精神，艰苦奋斗，自觉磨炼自己，加强道德修养，锤炼道德品质。

在新的历史征程上，弘扬烈士精神要求我们必须强化主动作为、服务社会、勇于担当的意识。作为一名当代大学生，我们应该积极地参与社会活动，传播主流思想，为弘扬正能量积极发声，不能只简单地埋头苦读，一心只在学习上，而是应该主动把自己平日所学到的知识才干运用于各项社会活动中。我们要勇于担当起时代赋予的重任，在社会发展的大潮中努力实现自身的价值。

习近平总书记说："共和国是红色的，不能淡化这个颜色。"生活在现今这个和平的年代，我们应该牢记历史，不忘使命，继承和发扬烈士精神，坚定理想信念。我们要继续以习近平新时代中国特色社会主义思想为指导，继续拼搏奋斗，不懈努力，为实现中华民族伟大复兴中国梦做出更大贡献。

高举爱国主义伟大旗帜，勇担时代重任接续奋斗

生命科学学院　王怡坤

2019 年 11 月，中共中央、国务院印发了《新时代爱国主义实施纲要》。《纲要》指出要着眼培养担当民族复兴大任的时代新人，始终高扬爱国主义旗帜，着力培养爱国之情、砥砺强国之志、实践报国之行，使爱国主义成为全体中国人民的坚定信念、精神力量和自觉行动。

爱国主义是中华民族的民族心、民族魂，是中华民族最重要的精神财富，是中国人民和中华民族维护民族独立和民族尊严的强大精神动力。习近平总书记在党的十九大报告中指出："青年兴则国家兴，青年强则国家强。青年一代有理想、有本领、有担当，国家就有前途，民族就有希望。"青年有渊博的学识，也有远大的理想信念，更有对国家、对民族深厚的情感。一百年前，在民族危难之际，青年用满腔热血扛起爱国旗帜；一百年后的今天，在民族复兴面前，新时代青年当勇担时代重任接续奋斗。

青年大学生要高举爱国主义伟大旗帜，树立远大理想。青年大学生理想远大、意志坚定，是一个国家、一个民族发展和前进的不竭动力。青年大学生要立大志、行大事，面对百年未有之大变局，要把自己的小我融入祖国的大我、人民的大我之中，与时代同步伐、与祖国共命运，更好实现人生价值、升华人生境界。

青年大学生要高举爱国主义伟大旗帜，矢志砥砺奋斗。习近平总书记在一些重要会议、重要场合多次提到"要正确认识当今时代潮流和国际大势"。面对百年未有之大变局，青年大学生一定要有清楚认识，要时刻保持活力，不断充实自身，学习先进知识，武装头脑，面对日益开放

的社会，用积极的心态去面对，面对挑战更要不忘初心，要争做时代的英雄，勇做时代弄潮儿，为中华民族伟大复兴的中国梦的实现而接续奋斗。

青年大学生要高举爱国主义伟大旗帜，涵养浩然正气。古人云："非淡泊无以明志，非宁静无以致远。"在当今这个不断发展的社会，人们的物质文化生活丰富多彩的同时，"拜金主义""享乐主义"等思潮也正在悄然腐蚀着一些人的意志与心灵，作为青年一代应当有"宠辱不惊、去留无意"的美好心境，做到不盲目跟风，不人云亦云，树立正确的世界观、人生观、价值观；面对"诱惑"摇摆不定时，要保持清醒的头脑，不能被所谓的利益冲昏头脑；时刻胸怀坦荡，平心静气，并勇于同黑恶势力做斗争，坚决维护公平与正义；做到"富贵不能淫，贫贱不能移，威武不能屈"。

实现中华民族伟大复兴中国梦的道路，使命在前，责任在身。青年大学生处在中华民族发展的最好时期，在实现中华民族伟大复兴中国梦的最好年华，肩负重任，必将成就未来之伟大。青年人要积极学习、敢于担当、砥砺奋进，高举爱国主义伟大旗帜，将个人奋斗目标与国家、人民的期望相结合，更好地实现人生价值，提升人生境界。

文化自信，从每一部优秀的文化作品开始！

经济学院　卓宽裕

我是一个爱看电影的人，紧张的学生工作之余，看电影是我的放松方式之一。2018年春节期间，我到电影院看了两部国产电影，说实话看之前我没有抱太高的期望，但看完后我的心情异常激动和兴奋，不断推荐身边的同事和亲友赶紧去看，甚至可以一刷、再刷。在我看的两部电影中，一部叫《红海行动》，另一部叫《厉害了，我的国》。

《红海行动》是继《战狼2》后我所看过拍得最好的国产军事题材电影。在看《厉害了，我的国》之前，我其实已经在《形势与政策》课堂上给学生播放过它的完整版《辉煌中国》六集纪录片，但在电影院观看所带来的那种视觉冲击和震撼感更强烈。两部影片带给我的共同感受都是：作为中国人，骄傲；看到国家强大，自豪；如果非要用一个字概括就是——燃！

《红海行动》在让我们看到真实的战争场景的同时，也把战场上最真实的伤亡展示给观众。精锐的蛟龙小队最终仅剩4人生还，随着战斗的进行，时刻都有特战队员伤亡。这种影片能真正激发起观众心中的同理心，使得观众能够发自内心地祈祷特战队员的平安，产生对于特战队员由衷的敬佩。特战队员也是有血有肉的普通人，他们在战场上看到被炸弹炸过后四分五裂的尸体也会感到不适，也会怀疑自己的能力。这些迟疑与犹豫，反而使得观众和他们的距离更加接近。同时，影片中港口城市交战区的废墟与非交战区的建筑形成鲜明的对比，再加上大胆地表现了恐怖组织制造人肉炸弹、迫害妇女和儿童等恐怖行为，展示了内战国家的人民时时刻刻面临着死亡的威胁，使得看过影片的观众会更加珍惜国内的和平环境，也会更加涌现出对于国家强大、稳定的自豪感，影片没有刻意提到爱国，但这种润物无声式的教育更加令人动容。

天下之本在国，国之本在家。《厉害了，我的国》用百姓的视角聚焦国家发展，又以国家的视野关注百姓民生，大国雄姿跃然眼前，让每一位国人都倍感骄傲。影片从圆梦工程、创新驱动、协调发展、绿色中国、共享小康、开放中国等视角，反映了我国自党的十八大以来所取得的非凡成就。影片还把这些辉煌成就与相关人物背后的故事结合起来，由建设者亲自讲述，让触手可及鲜活生动的民生真实呈现，不煽情不说教，就是点“燃”生活日常经历，把普通人在普通岗位付出的心血和汗水，搬上了大屏幕，亲切自然述说我们老百姓在各行业各领域撸起袖子加油干、努力建设幸福生活的点点滴滴，予人以深刻启迪和长久激励。

打动观众内心的作品才是优秀的好作品，近几年来，我国的文艺工作者积极创新发展，认真汲取传统文化的优秀元素，在各个领域都创作出一大批被老百姓各种点赞的作品。不说远的，在党的十九大召开后，除了这两部电影，陆续还有文化综艺节目《国家宝藏》《经典咏流传》等成为“爆款”，不光是传承文化经典，更是展现国家文化软实力。这些文化作品唤起了人民内心的自信心和自豪感，每一部优秀的文化作品背后都凝聚着我们的文化自信。

什么是文化自信？

文化是一个国家、民族生存发展的根脉，习近平总书记在党的十九大报告中指出：“文化自信是一个国家、一个民族发展中更基本、更深沉、更持久的力量。”文化自信源于中华优秀传统文化所蕴含的强大文化基因。不忘初心，砥砺前行。中华民族五千年优秀文化传统，延续着我们国家和民族的精神血脉，支撑着中华民族生生不息、薪火相传，历经劫难而浴火重生，支撑着中华民族站起来、富起来、强起来。

为什么能文化自信？

因为在5000多年文明发展中孕育的中华优秀传统文化，积淀着中华民族最深层的精神追求，代表着中华民族独特的精神标识。历史上没有哪个强大国家没有自身强大文化的支撑。光辉璀璨的文明历史、举世瞩目的全方位发展成就等给予了中国人民充分自信的理由。文化自信是对我们党、国家和民族文化的历史传统、价值内涵和现实意义的认识、认同以及在此基础上建立起来的信念。

为什么要文化自信？

“没有高度的文化自信，没有文化的繁荣兴盛，就没有中华民族伟大复兴。”因为从人类历史长河来看，民族复兴必然包括建立强大文化，而相比物质文化，精神文化的建立更加艰难而长久，但如果缺乏底蕴和正确方向，甚至永远都无法建立民族性的文化自信和自觉。唯有自身强大的文化，才能凝聚起民族精神和动力，才能以民族认同感激发起振兴民族的磅礴干劲。而我们党在文化强国建设上既有民族文化底蕴，又有根植于社会主义制度的科学理论体系。这让中华文化凝聚共识和焕发新的生机，并且成为支撑中华民族伟大复兴的精神力量，同时成为影响全世界的中国风。坚定文化自信，就是坚持发展中国特色社会主义文化。

怎样做到文化自信？

在 2018 年的《政府工作报告》中，李克强总理提及，要为人民过上美好生活提供丰富精神食粮。要弘扬中华优秀传统文化，继承革命文化，发展社会主义先进文化，培育和践行社会主义核心价值观。习近平总书记在 2018 年“两会”闭幕会上也强调，中国人民在长期奋斗中培育、继承、发展起来的伟大民族精神，为中国发展和人类文明进步提供了强大精神动力。中国人民是具有伟大创造精神的人民，只要 13 亿多中国人民始终发扬这种伟大创造精神，我们就一定能够创造出一个又一个人间奇迹。中国人民是具有伟大奋斗精神的人民，只要 13 亿多中国人民始终发扬这种伟大奋斗精神，我们就一定能够达到创造人民更加美好生活的宏伟目标。中国人民是具有伟大团结精神的人民，只要 13 亿多中国人民始终发扬这种伟大团结精神，我们就一定能够形成勇往直前、无坚不摧的强大力量。中国人民是具有伟大梦想精神的人民，只要 13 亿多中国人民始终发扬这种伟大梦想精神，我们就一定能够实现中华民族伟大复兴的中国梦。有这样伟大的人民，有这样伟大的民族，有这样的伟大民族精神，是我们的骄傲，是我们坚定中国特色社会主义道路自信、理论自信、制度自信、文化自信的底气，也是我们风雨无阻、高歌行进的根本力量。

合抱之木，生于毫末；九层之台，起于累土。近年来，文艺工作座谈会、全国宣传思想工作会议、全国党校工作会议、党的新闻舆论工作座谈会等一系列宣传思想文化领域的重要会议相继召开。习近平总书记先后发表了一系列重要讲话，为推进宣传思想文化建设指明了前进方向、提供了根本遵循。在新思想的指引下，宣传思想文化界坚持以人民为中心的工作导向、创作导向。坚持文化发展为了人民、文化成果惠及人民、文化建设依靠人民。优秀文化作品之所以如雨后春笋一样层出不穷，国家之所以变得如此强大，其根源在于党的强大、人民的强大。

未来，还需要更多像《红海行动》《厉害了，我的国》这样的“高峰”作品来展现成就，激发民心，以中国特色社会主义文化的繁荣兴盛，凝聚起实现民族复兴的磅礴精神力量。

我的家，我的国

学生工作部　王一舟

2020年充满了传奇色彩：年初，武汉封城，白衣战士除夕夜执甲出征，为小家，为大国，无畏逆行抗疫情；年中，洪涝肆虐，解放军战士昼夜奋战，守堤坝，护百姓，浓浓军民鱼水情；10月，国内疫情趋于稳定、洪涝退去，巧遇中秋国庆双节，家国同庆，万家团圆。这一刻，国与家连在了一起，家是最小国，国是千万家。

家：月到中秋分外明

海上生明月，天涯共此时。中秋，这一传统节日，对于崇尚和美团圆的中国人来说，蕴含着浓郁的家国情怀和诗情画意。对于欢度中秋，有这么三点想和同学们分享：一是追求团圆幸福的精神寄托。古诗词中常说：但愿人长久，千里共婵娟；举头望明月，低头思故乡……在中秋这天，离家越远，愈发觉得家的可贵。“家”，寄托了中国人最浓的情，一轮圆月，将一份深深的乡恋，根植于中国人的灵魂深处，嵌入到了每一个中国人的心灵。二是彰显中华传统文化多样性。中秋，代表的是中国传统节日浓厚的历史文化底蕴，民间有赏月、观潮、吃月饼、饮桂花酒等一系列的庆祝活动，各区域不同的文化习俗构建了中秋传统节日的文化多样性。三是坚定中华优秀传统文化自信。近些年来的春节、元宵节、乞巧节等中华优秀传统文化的传播，吸引了越来越多的外国人开始走近中国，了解中国传统文化，越来越多的国家或地区将春节定为法定节日，这些都更加坚定了14亿多中华儿女的文化自信。正如习近平总书记说过的那样，我们的同胞无论生活在哪里，身上都有鲜明的中华文化烙印，中华文化是中华儿女共同的精神基因。

国：丹心从来系家国

天地英雄气，千秋尚凛然。2020年是新中国成立71周年，71年来，共和国经历了从民族独立，到改革开放，民族富强的蜕变。中华人民共和国的丰碑上，不会忘记无数个默默付出的英雄们，他们为中华人民共和国的成立、建设和发展贡献了全部。对于喜迎国庆，有这么两点想和同学们分享：一是牢记英雄。正是无数革命先烈无惧生死，星星之火终燎原，新中国得以建立。国庆前夕，国家主席习近平出席向人民英雄敬献花篮仪式，以国家名义缅怀先烈，致敬英雄，这是牢记英雄的最好印证。二是崇尚英雄。2020年初新冠肺炎疫情暴发后，84岁的钟南山院士一边告诉公众“尽量不要去武汉”，一边自己搭乘去往武汉的高铁，连夜抵达疫情核心战场，坐镇指挥此次抗击疫情工作。2020年9月8日，全国抗击新冠肺炎疫情表彰大会在人民大会堂隆重举行，习近平总书记为钟南山院士颁授共和国荣誉勋章，弘扬了崇尚英雄的良好社会氛围。正如习近平总书记说的那样：“崇尚英雄才会产生英雄，争做英雄才能英雄辈出。”

家与国：命运与共同呼吸

天下之本在国，国之本在家。源于中华传统文化中的“家国同构”，既是中华优秀传统文化的重要内容，又是中国人精神谱系里的重要一环。对于家国情怀的养成可以从两个方面来理解：一是于无声处培养。李四光是我国地质科学奠基人，在父亲耳濡目染下，女儿李林因从小立志报效祖国，长大后也投入到新中国的建设当中，参加了新中国第一个“反应堆”实验，家国情怀、家国担当就这样在言传身教中无声培养着。二是在行动上传承。2003 年，山西长治医学院附属和平医院医生王卫国，前往太原支援抗击非典。2020 年，新冠肺炎疫情暴发，王卫国的女儿王婷作为山西长治医学院附属和济医院一名呼吸内科主治医师，主动请战，成为山西第二批支援湖北医疗队的一员。她在请愿书中写道："当年，爸爸参加了抗击非典，现在轮到我了。"家国情怀让中华儿女在国家危难之际不会袖手旁观，而是心怀天下，勇挑重担。

山河无恙，才有万家团圆；万家努力，方能国泰民安。家和国，一刻也不能分割，家国情怀，早已融入中国人的血液。习近平总书记说过：我国青年一代必将大有可为，也必将大有作为。作为新时代的大学生，我们要树立正确的家国观，将小家的团圆幸福与国家民族的命运紧密结合在一起，满怀家国情，践行报国志，自觉将青年人的蓬勃朝气融入共和国的事业发展中，与祖国同奋进；展现爱国底色，与人民共奋斗，激扬青春活力。让你我一起在这中秋国庆佳节中品出月饼里浓浓的"家国味"！

“四史”的正确学习方式

社会历史学院　黄敬兵

历史是最好的教科书，她用无数生动语言为世人讲述了在这片东方古老国度上国家和民族发展的壮丽诗篇。习近平总书记在给复旦大学《共产党宣言》展示馆党员志愿服务队全体队员回信时强调，希望广大党员特别是青年党员认真学习马克思主义理论，结合学习党史、新中国史、改革开放史、社会主义发展史，在学思践悟中坚定理想信念，在奋发有为中践行初心使命，努力为实现“两个一百年”奋斗目标、实现中华民族伟大复兴的中国梦贡献智慧和力量。“四史”中的伟大实践，蕴含着对青年政治引领的丰富元素，是对青年政治引领的最鲜活的教科书。今天我们就来探讨该如何正确打开“四史”这本教科书，到底该如何学？学什么？

全面系统学，学好“四史”所蕴含的历史规律

全面系统学“四史”，把党史、新中国史、改革开放史、社会主义发展史贯通起来学，通过点、线、面的史实连通汇合，打牢“四史”的基础知识，构筑结构严密的“四史”知识逻辑体系，进而弄清历史事件的来龙去脉、前后因果及其路径走向。坚持辩证思维，用联系的、全面的、发展的眼观分析问题，从长时段、整体上和本质上思考历史。回顾历史，从社会主义发展到中国共产党的诞生，从新中国的成立到改革开放的深化，我们的事业之所以历经艰难而不断取得成功，最主要原因就是遵循“以人民为中心”的历史规律。历史是在人民的探索和奋斗中造就的，人

民群众是社会发展的决定性力量。为中国人民谋幸福，为中华民族谋复兴，是中国共产党人的初心和使命。中国共产党人之所以成功，根本原因在于遵循着历史前进的根本规律。我们学习“四史”就是要树立“以人民为中心”的人民观，将远大理想与共同理想同“为人民服务”紧紧地联系在一起。

联系实际学，学好“四史”所蕴含的哲学智慧

青年学生学“四史”，必须发扬理论联系实际的马克思主义学风，坚持学以致用、用以促学，做到学、思、用贯通，知、信、行统一。联系实际学“四史”，就是为了更好地加强对实际问题的研究能力，增强实践能力。要带着问题学习，并加以深入的理论思考，将“四史”学习融入现实生活中，结合到实际学习工作中。要运用马克思主义方法论，学会透过历史现象看本质，学会区分历史现象和历史本质，分清什么是历史发展主流和支流，做到既注重历史的经验，又注重历史的教训，从历史的经验教训中汲取智慧和能量。学会用历史思维来审视问题，从而从纷繁复杂的史实中找到历史必然性，把握发展规律，坚定历史定力、战略定力，只有这样才能够适应新时代的要求，具有驾驭全局、掌握大势的本领，坚定理想信念。

深入思考学，学好“四史”所蕴含的政治逻辑

学“四史”需要聚精会神、宁静致远，拂去心头杂念、安守精神家园，沉下心来学，做到要勤奋努力、深入思考，掌握史实背后的逻辑脉络，学有所悟、学有所得，做到既知其一亦知其二、知其表亦知其里、既知其然更知其所以然。学习“四史”的过程，就是思考中国共产党为什么能、马克思主义为什么行、社会主义为什么好的过程。同时还要联系党带领全国人民一路取得的伟大成果，充分认识“四个自信”的正确

性，体会其中所蕴含的政治逻辑。“自信人生二百年，会当水击三千里”，中国社会主义这种自信不是天上掉下来的，是中国速度、中国质量、中国发展赋予的，是正确的政治逻辑引领的。如今，接力棒已交到我们手上，要不断加深对党的理论路线方针政策的政治认同、思想认同、情感认同，更加自觉地把自身命运与党的命运、国家命运连接在一起，听党话跟党走，把个人理想同共同理想结合在一起，以“四史”伟大实践为蓝本，坚定理想信念，站稳人民立场，练就过硬本领，投身强国伟业，在实现国家强盛、民族复兴的接力奋斗中，绽放时代光彩，释放青春力量。

“拗九节”里谈“孝”

法学院　梁　莹

2019年3月5日，是农历正月廿九。在福州，这是一个非常重要的日子。作为地道的福州人，早上出门前，我吃到了母亲为我煮的一碗“拗九粥”——因为这一天是福州本土的孝顺节“拗九节”，2019年我的年龄又恰逢“暗九”。

如果你不是福州人，可能会好奇，这都是些什么东西？

“拗九节”是福州与霞浦特有的民间传统节日，又称“后九节”“孝顺节”。这天清早，家家户户都煮“拗九粥”来祭祖或馈赠亲友。已出嫁的女儿，也必定要送一碗“拗九粥”，有的还要加上太平面、蛋、猪蹄等，送回娘家，孝敬父母。“拗九粥”是类似八宝粥的甜粥。

在福州人的传统观念中，“九”是不好过的。凡是岁数逢九（虚岁）的人，如九岁、十九岁、二十九岁……（称“明九”），或是九的倍数，如十八岁、二十七岁、三十六岁……（称“暗九”），就要像过生日一样，吃一碗“拗九粥”和太平面，以求平安、健康。

所以这一碗粥，寄托了母亲对我浓浓的关爱，喝粥的过程我自然是对母亲满怀感恩的。而且照风俗，这碗粥本来该是我煮给家人的，却最终还是由母亲提前备好原料，早起为家人们煮食。

我不禁想起了我的“娃”们。

同学们，回到学校时，是不是父母一边嫌弃地说“赶紧走，待在家里烦死人了”，一边往你的行李里塞进亲手做的各种家乡美味，或是偷偷又给你发了个微信红包？到了学校，他们是不是又打电话、发信息督促你“开学了要好好学习了”，可一会儿又说“别让自己太累压力太大，做事尽力就好”?

我经常和大家的父母接触。他们大多四十几岁，处于事业巅峰期，但身体却开始“显老”；总担心孩子走弯路，可又怕过分关心让孩子背负上压力，即使告诉自己“孩子成人了”就“佛系”一点，心里也觉得“养不教，父之过”。中年危机里，藏着太多对孩子矛盾的爱。

我接触的同学中，也常常有非常孝顺的孩子。这些孩子中，有的会用奖学金为父母买礼物；有的会常常打电话回家；有的会专程赶回家给父母劝架；有的会因父母身体有恙而赶紧请假照顾；也有的虽然有很多烦恼但却总和父母说“好着呢”……

这些做法，算不算“孝顺”？从初衷上来说，绝对是出自一颗对父母感恩和爱的心，所以说是“孝心”一点问题也没有，但从方式上来说，这是最好的方式吗？就像“有一种冷叫妈妈觉得你冷”一样，我们常常遇到“爱的表达错位”。其实，爱的最好表达，是站在对方的角度，体会对方的感受，了解对方的需求，给予对方希望的回应。所以，不是你觉得孝顺了，就真的是孝顺了。

我已经很久不吃甜食了，但母亲煮的粥我吃得一点不剩。糖分可以通过运动消耗掉，可是，若拒绝母亲的关爱，伤心就留痕迹了。吃掉，才是对她关爱的全盘接受和付出的充分肯定。然后，我还和她约好，晚上别做晚饭了，等我下班，带她和父亲一起出去聚个餐、过个节。

所以，我有些小小的关于“孝”的建议：

下次，妈妈再往行李里塞东西的时候，把“够啦够啦，这样重死了我提不动”改成“妈，能否分期寄给我，好让我一整个学期都可以慢慢享受”或者“我一定好好锻炼身体，才有力气把这么多好吃的拖到学校去展示我妈的手艺”；

下次，拿到奖学金给父母买礼物的时候，可以附上一张手写的祝福卡片或信件，亲自递到他们手里，要知道你的“亲自”比礼物的价值高许多；

下次，在电话里和父母“尬聊”的时候，把自己的真实感受告诉他们，因为真诚比形式更让父母欣慰，哪怕你告诉他们“爸妈，我在学校很不好”，至少让他们感受到“孩子不好，可是孩子信任我、需要我”，而不是“孩子大了，心里想什么我们不知，也帮不上了”；

下次，家里出了事情，一定要冷静，想好应对方式再回家，不要哭着急匆匆地赶回去，反而让父母操心你路上的安全，这时候，你先要保证自己不给家里添麻烦，再考虑能否给家里带来帮助；

……

当然，平时为爸妈的朋友圈点赞，把爸妈纳入朋友圈“可见”范围，时不时地主动找他们聊天，也是一种对他们的关注。更别说在家时除了会同学、刷手机，也多好好和他们一起吃饭、聊天、做家务、走亲戚了。父母需要“家”的安全感，这个安全感里，少不了你的真实参与。

说到这里，我想起在2019年春节团拜会上，习近平总书记在拜年致辞中提到“夫孝，德之本也”，提倡大家从孝敬自己的父母出发，自然会“老吾老以及人之老，幼吾幼以及人之幼”。他也曾谆谆教诲：“不要在遥远的距离中割断了真情，不要在日常的忙碌中遗忘了真情，不要在日夜的拼搏中忽略了真情。”“走心”的孝顺，带给我们美好的家。当我们每个人组成的千家万户都好，民族才能好，国家才能好。若懂得尽孝，就请一定把爱家和爱国统一起来，把实现个人梦、家庭梦融入民族梦、国家梦之中吧！

希望，让心不再“流浪”

心理学院　金君敏

根据科幻作家刘慈欣同名小说改编的电影《流浪地球》以超过22亿元的票房成为2019年春节电影票房冠军并引发热议。电影描述的是人类带着地球踏上了2500年的流浪之旅，展开一系列扣人心弦的奇幻故事。电影里最令我印象深刻的台词是：“希望，是这个时代像钻石一样珍贵的东西。”那么，同学们，你们相信希望吗？你们心怀希望吗？你们该如何实现自己的希望呢？你们现在做的有利于实现心中的希望吗？

心怀希望，人生大有可为

电影《流浪地球》的最后，全球各地区的人们为了同一个目标“让地球和人类活下去”，为了最后的一点希望，永不言弃，竭尽全力奋力一搏。“无论最终结果将人类历史导向何处，我们决定，选择希望！”电影如此，人生亦然。当你心怀希望，人生便大有可为。

大而言之，当代大学生肩负着推进中国特色社会主义建设事业、实现中华民族的伟大复兴的历史重任，是成为实现中华民族伟大复兴的生力军，肩负起国家和民族的希望。“为天地立心，为生民立命，为往圣继绝学，为万世开太平”，将个人的理想志向同祖国的发展结合起来；小而言之，在学习生活工作的道路上，不怕困难，勇于开拓，顽强拼搏，信念执着，永不气馁，不要妄自菲薄，同时要自强不息，便可以书写靓丽、昂扬、无悔的青春。

心怀希望，还需始于足下

千里之行，始于足下。“有梦想，有机会，有奋斗，一切美好的东西都能够创造出来。”如果，课堂上是趴在课桌上睡觉的你；如果，宿舍里是窝在被窝熬夜追剧的你；如果，专业课本上是不求甚解的你；如果……那么希望就只剩下失望。“知者行之始，行者知之成”。每一项事业，不论大小，都是靠脚踏实地、一点一滴干出来的。“道虽迩，不行不至；事虽小，不为不成。”不论学习还是工作，都要面向实际、深入实践，实践出真知；都要严谨务实，一分耕耘一分收获，苦干实干；都要迈稳步子、夯实根基、久久为功。希望同学们能埋下一颗名为“努力践行”的种子，为了明天的希望，努力在当下，行动在当下。

“希望，是这个时代像钻石一样珍贵的东西。”希望之所以珍贵，在于它犹如一盏明灯，指引前行的方向；犹如人生航船的风帆，给予前行的力量。希望同学们要有“站起来”仰望星空的勇气，理想坚定，信念执着，心怀梦想，永不言弃；也要有“沉下去”埋头耕作的毅力，自我磨砺，顽强拼搏，苦干实干，知行合一。做具有执着的信念、优良的品德、丰富的知识、过硬的本领的新时代青年，在奋斗中释放青春激情、追逐青春理想，以青春之我、奋斗之我，为民族复兴铺路架桥，为祖国建设添砖加瓦。

家庭、梦想和生命

数学与信息学院　陈苏珍

电影《寻梦环游记》讲述了鞋匠家庭出身的小男孩米格，不顾家庭的反对，执意追求音乐梦想，误入死亡之地，遇到已经成为亡灵的祖先家人。历经一番波折后，他化解了几十年来家庭中存在的误解，最终得到家人的祝福重返人间。观影结束，影片除了绚丽斑斓的奇幻世界和久久回旋在耳边动人的乐曲《Remenber Me》给我留下深刻的印象，还有三个值得深思的永恒主题：家庭、梦想和生命。

家庭，你从未远离

电影始终围绕小主角米格和他的家人展开，一个热爱音乐的男孩，偏偏生长在几代人痛恨音乐的家庭里。男孩的高祖父为了音乐，走出家庭，客死他乡，从此背上了“背弃家庭”的骂名，也使音乐成了这个家庭的禁忌。

当我们渐渐长大，家庭成为我们想要不断逃离的存在，长大的我们想要自由，想要逃脱父母的管辖，想要追求梦想，想要摆脱原生家庭给我们带来的印记。

不知从何时起，“原生家庭”成了自媒体的盛行话题，成了很多人一提起就十分痛恨又无法挣脱的枷锁。当我们有性格上的不足、习惯上的问题，我们就归因为“原生家庭”的影响，这些所有的不好只要套在“原生家庭”上，似乎个人的责任就在无形中获得免除。

然而，就如同世界上没有完美的人一样，这个世界上也没有完美的家庭。家庭给予了我们生命、亲情、温暖和一切的帮助。当我们自认为取得了成功，过上与父辈不一样的生活时，我们就归因为个人的努力，自鸣得意地认为是对“原生家庭”的超越。然而潜藏在这样年少的叛逆背后，可能就是父辈未完成的心愿在子女身上的寄托。正如影片中的小男孩米格最终化解家族对高祖父的误会，重拾音乐梦想，这又何尝不是整个家庭几代以来未能达成的共同梦想。

家庭就是一个你从未远离的地方，不论你走多远，你从这里出发，你始终属于这里。有人说，人的一生就是在不断寻找自我的过程，更是一条回家的路程。很多人对陌生人可以彬彬有礼，然而对最亲爱的家人却做不到好好说话。因为我们在潜意识中深深知道，家人不会因此而放弃对我们的爱。正应验了一句歌词“被偏爱的都有恃无恐”。因此，我们应该真正做到接受家人，接受父母带给我们的一切。不管家庭给予我们的是好的还是不足的方面，我们都能坦然地接受，这无疑也是对天生自我的一种肯定。然后，我们才更有力量努力变得更好。

梦想，不轻言放弃

影片中的小男孩米格追求他所热爱的音乐梦想，不仅冲破了家庭的阻碍，更是突破了生死的界线。米格第一次误入亡灵世界，遇到高祖母给予其祝福“还生”（回到人世），但附加的条件是“永远都不能再碰音乐”。当米格回到人世之后，不能接受音乐梦想的破灭，又触碰了家庭禁忌吉他，再一次跌入亡灵世界。他没有放弃还生的希望，同时更执着于梦想的追求。故事就在男孩米格的寻梦之旅中一步一步走向高潮。

当我们年少的时候，总是怀揣着各种各样的梦想。而渐渐长大，很多人活着活着就丢了梦想。我们每天奔忙在上课、下课的人潮之中，穿梭在熙熙攘攘的校园，我们是否还能找到自己当初的梦想？有人说梦想太遥远，远到我看不清它的模样。然而，再远大的梦想，都可以分成一个个阶段的小梦想来实现。

很多时候，我们只是习惯于对现有的状况表示不满，却很难知道自己真正所想要的是什么，更不必谈勇敢地迈出行动的脚步。当然，并非所有的梦想都要像影片中那样以生命为代价，更多时候打败我们的只是不能坚定坚持地迈出寻梦的脚步，不能战胜怯懦、战胜懒惰。问问自己，一年前定下的考研目标进行得怎样了呢？这一年来是否每天都能抽出固定的时间来复习？还有那些说好要学的画、要弹的琴、要看的书、要学的一门外语呢？我们是否坚持了，还是早已放下这些当初的小梦想？

有句古话说得好："苟有恒，何必三更眠五更起；最无益，莫过一日曝十日寒。"实现梦想不是靠着一时的冲动，靠的是长期的坚持。这里的梦想没有感性，只有永不放弃的实践。

生命，因价值而永恒

这部电影给了我们最大宽慰的地方还在于它让我们相信，只要我们铭记，所爱的人就不会离开。影片中的亡灵世界是依托现实世界中亲人们的思念架构而成的另一个狂欢世界，而当现实世界将一个人完全遗忘之后，这个人的灵魂便会灰飞烟灭，进入"终极死亡"。这对"生与死"进行了与众不同的定义，人和人之间的联结丰富了生命的内涵。身体的腐朽不能宣告一个人的逝去，只有精神层面的消亡才是真正的消亡。生命的不朽存在于世人的记忆之中，存在于人们留下的创造之中。从这个意义上来讲，所有生命的价值都获得了永生。

这让我想起《钢铁是怎样炼成的》主人公保尔·柯察金所说的话："人的一生应当这样度过：当回忆往事的时候，他不会因为虚度年华而悔恨，也不会因为碌碌无为而羞愧；在临死的时候，他能够说：'我的整个生命和全部精力，都已经献给了世界上最壮丽的事业——为人类的解放而斗争。'"

这种豪情不是空洞的口号。当逝去的人们被世人所铭记，他们就不会真正消失。历史上为人类社会做出巨大贡献的人——伟大的思想家们，从孔子到马克思，他们为人类追求真理贡献了思想的力量；近代以来为中华民族之崛起而前赴后继的英雄们；还有在中国革命、建设和改革事业中做出伟大贡献的历史人物；在新时代为实现中华民族伟大复兴的“中国梦”而不懈奋斗在各行各业，全心全意为人民服务、为建设中国特色社会主义事业贡献力量的时代名人；还有许许多多在科技文化等事业上为人类做出重大突破和创造的人：人们不会忘记，历史更会永久铭记。他们所有的创造，包括物质方面和精神方面，都是生命留给我们的宝贵的财富和伟大的馈赠。

不禁要问：此生应当如何不虚度？答案是，我们一定要做有意义的事情，要做一个能够对他人、对社会有所助益的人。不一定人人都可以成为历史所铭记的伟人，但人人都可以做一个让身边的亲人、朋友感到温暖和感动的人，这也是我们生命和价值的真实体现。

守望家乡，为梦想远航

教育学部　杨　扬

《我和我的家乡》在国庆节期间上映，持续领跑票房。这是一部多导演、多单元集锦式电影，共分成五个单元，这是一部让人笑着笑着就哭了的电影，不同风格、不同主题的作品通过喜剧的外壳将浓浓的“家乡”情寄托于一个个小人物的故事之中，唤醒观影者对家乡的回忆。

我对家乡的理解要追溯到小学阶段，余光中在《乡愁》一诗中按人成长的时间顺序将对祖国家乡的怀念体现得淋漓尽致，并将抽象的乡愁二字通过邮票、船票、坟墓、海峡具体化。从这种具体化中，我体会到了诗人情感的成熟，落叶归根的向往以及背井离乡的无奈。在人一生的时间轴上，我对家乡的感觉是不一样的，由浅及深，由被动到主动，由外露到深沉……我们的家乡在变，我们也在变。

天堑变通途，康庄大道通往回乡之路。小时候的家乡，没有水泥路，没有柏油路，都是一条条泥土路。在家里，父辈常常跟我说起他们以前开车的事情，跟大伯二人开车去河南、上海等地装货卸货，那时没有导航，全靠一张嘴问路；那时没有如此便利的通信工具，都是到指定的电话站才能给爷爷奶奶报平安。即使在这种状态下，父辈总说以前虽然穷，但是很有趣，穷有穷的活法，也可能是最佳状态下的平安喜乐吧。2020年是具有里程碑意义的一年，我们全面建成小康社会，实现第一个百年奋斗目标。我们的家乡发生了翻天覆地的变化，各地都在响应党和国家美丽乡村建设的号召，乡村特色小镇开发、互联网直播带货等都为我们家乡的发展提供了契机。时代在发展，科技在进步，交通在发达，返乡的时间越来越短了，又加上快递物流行业发展得如火如荼，这些都为家乡建设注入了活力，焕发出勃勃生机。

改革促民生，精神文化丰富乡村生活。电影《北京好人》旨在通过老乡之间存在的人情交往展示国家医疗保险带给国民的福利。曾经看病难，小病拖大病扛是常态，如今随着城乡居民医疗保障制度的建立，人人享受医疗保障制度已经成为现实。疫情在家的我，定期要带爷爷奶奶去医院复诊，在心疼老人家的同时也感受到国家对于医疗保障投入的力度，尤其是特殊病种补助。若是在以前，要强且生活不易的他们会在面对疾病时选择忍耐，时常感受到无助，而现在，他们能够从容面对，感受到生活的希望以及美好。电影《神笔马良》是农村建设的缩影，平凡的乡村建设者将自己的青春奉献给家乡，他们是艺术家，将双手当作“画笔”，将家乡当作“白板”，用热血与激情将乡村建设的宏伟蓝图一步步变成美好现实。农民富起来了，家乡美起来了，基础设施完善了，幸福指数也随之提高了。

怀感恩之心，逐梦路上重拾家乡记忆。小时候的点滴在我脑海里记忆犹新，那时候通信不发达，“远亲不如近邻”这一句话在那会儿能够诠释得很到位。我妈妈常调侃我们家很“费茶”，因为在夏天的晚上会有很多邻居来院子里泡茶聊天，人手一把扇子，时不时会有萤火虫飞过，奶奶常常抓来硬壳虫并绑着让我玩……那时候可谓是岁月静好。渐渐地，萤火虫越来越少了、通信工具的发达让邻里距离近在咫尺却远在天涯，这是社会进步的产物。白岩松在《朗读者》栏目如是说：故乡就是你年少的时候天天想着离开，岁数大了天天想回去的地方。即使为了梦想，为了生活，不得不背井离乡，在外面的世界逐梦奋斗，但希望我们能够及时“归零”，偶尔停下脚步。若时间充裕得以安排，那我们就常回家看看，若时间不充裕，那我们就跟家乡里的亲朋好友联系，感受一下家乡变化。相信这种对家乡的情怀能够转变为你在异乡奋斗的内生动力，这就是故乡的意义，回头的地方越清晰，向前走的可能就越坚定。

苏轼曾经发出“此心安处是吾乡”的感慨。伴随着人的成长经历，难免会有好几个“家乡”，有的只是暂时落脚的地方，而让你心安，让你不时怀念，让你有归属感的地方才是家乡。愿你我能为理想远走，又能够对故乡满怀牵挂。

今天，你精致了吗？

教育学部　高仁爱

2019 年 2 月，星巴克在其中国门店发售了樱花主题系列的杯子，其中一款粉色猫爪玻璃杯因独特的造型遭到顾客疯抢。据媒体报道，有顾客为购买“猫爪杯”在门口支起帐篷彻夜排队，更有甚者为“猫爪杯”大打出手。在网络上，“猫爪杯”一度被炒到上千元的天价，被网友戏称为开年“圣杯之战”。仔细想来，这两年走红网络的爆款不仅有“猫爪杯”，脏脏包、喜茶、鹿角巷等产品也都在各大网络平台风靡一时。有人将这些爆款现象归结为网红经济或饥饿营销，但其忽视了青年在这一现象中所扮演的角色，忽视了一轮哄抢背后是越来越多的青年随波逐流盲目追求表面上的“精致”生活。

经济的发展与社会的进步让现在许多青年不再担忧生活温饱，而是追求高品质的精致生活。然而，一些人却将精致的生活窄化成社交平台上的“仪式感”，工作、用餐、旅行都需动态打卡以彰显自己生活的精致。殊不知，许多人都在追求精致的过程中反被“伪精致”裹挟。那么，对于大学生而言，究竟什么才是真正的精致呢？

习近平总书记在北京大学师生座谈会上的讲话中提到广大青年应“勇做走在时代前列的奋进者、开拓者、奉献者”。精致的青年应当是奋进的、开拓的、奉献的。

做一名精致的奋进者。五四运动以来，中国共产党的建立、中华人民共和国的成立、改革开放和中国特色社会主义事业的推进，每一个历史事件都离不开青年的拼搏与奋进。作为青年，尤其是在当前新时代的背景下，应当因时而动，顺势而进，在学校中扎实专业知识，增强才干，在社会中学以致用，不断提升自身素质与能力，使自己成为能作为、有作为的人。

做一名精致的开拓者。创新是民族进步的灵魂，墨守成规，因循守旧带来的是滞后甚至是倒退。作为新时代的青年，我们占有许多资源。青年时期还是人的大脑最活跃、思维最敏捷的时期，我们应当把握时机，逢山开路、遇水架桥，要有敢于开拓创新的勇气与能力，做一个敢开拓、能创新的人。

做一名精致的奉献者。人的价值有自我价值与社会价值之分，自我价值与社会价值是相互统一的。每个人都是集体、社会的一个组成部分，人生真正的价值在于对社会的贡献。在战争年代，奉献是敢于为国家、为人民抛头颅、洒热血。而在当今和平年代，对于大学生而言，奉献也可以是细致的、生活化的。无偿献血是奉献，志愿服务是奉献，敢于扎根基层也是奉献。大学生应当争做肯奉献、敢奉献的人。

精致的人生应是“有信念、有梦想、有奋斗、有奉献的人生”。恰逢五四运动百年之际，广大青年应牢记习近平总书记讲话精神，“勇做走在时代前列的奋进者、开拓者、奉献者，以执着的信念、优良的品德、丰富的知识、过硬的本领，同全国各族人民一道，担负起历史重任，让五四精神放射出更加夺目的时代光芒！”

“快”时代更需慢积累

数学与信息学院　黄静瑜

快递，改变了人们的消费习惯；快餐，省去了准备“油盐酱醋茶”的烦琐和杂乱；快车，便利了紧急出门却拦不到的士的你。“快”是当代社会主旋律一大特色，“快速”常常和“高效”联系在一起，但是不是所有的快速都能高效呢？网络上流传着一种被称为“渗透学习法”的学习方法：“学生闭上眼睛复习，将书本放在枕头下，知识会从高浓度的课本进入低浓度的脑袋。”临近期末考的你，是否尝试过上述方法？如果有，结果一定很显然，无效。

“快”时代更需慢积累，有人说：“时间就是金钱，时间就是生命。”这并不矛盾，珍惜时间和经验累积本是并轨前行的两组词汇。泱泱华夏，上下五千年，是古人的拼搏，是历史的积淀，是文化的传承。2019 年“双十一”期间，某电商平台开设了“手艺直播”频道，数位手艺人纷纷通过屏幕展现他们的绝活，吹糖人、鸡蛋壳雕塑让人叹为观止，所谓“台上一分钟，台下十年功”，手艺人们无一不是经过了长年累月的积累和练习。作为当代大学生的你们，又为何急于求成？从“扣好人生第一粒扣子”到“青年强则国家强”，习近平总书记一次次对广大青年学子进行鞭策和激励。

不积跬步，无以至千里。徒步如此，学习更是如此。有的同学整个学期大部分时间都在消磨时光，在最后一个月采取突击性复习的策略，但也让自身陷入精神高度紧张的状态。如果你是计算机专业的学生，毕业后却不能敲出基本的代码；如果你是财务管理专业的学生，毕业后却不知道如何核算资产；如果你是英语专业的学生，毕业后却不能使用英语进行对话。那么，请问问自己，大学你究竟在学什么？学习没有速成班，回想初入大学时，制定学习目标和计划，奋力拼搏的你去哪了？大学的学习生活更多靠自主和自觉，知识点不会重复讲授，考前也鲜有重点可循，整本书都是考试范围。这就要求同学们掌握每一堂课的知识内容，明确每一道例题的解答思路。唯有如此，才能做到融会贯通，将知识真正内化，成为自身构建专业知识架构的一部分。

厚积薄发，方能砥砺前行。辩证唯物主义认为，经验是在社会实践中产生的，它是客观事物在人们头脑中的反映，也是认识的开端。大学为同学们提供了一个广阔的学生工作平台：大一新生参加社团、学生会纳新宣传，成为小干事，大二、大三同学们的经验储备足够，羽翼渐丰，成为部门“一把手”。有的学生干部为了寻求快速和高效，在收到通知的下一秒便将往年相关工作材料找出来进行简单的拼凑，这样的工作方式便失去了锻炼学生干部成长的意义。经验是在实战中积累的，如果只是照搬他人努力的成果，谈不上是个人的经验，更无法在需要的时候发挥作用。党的十八大以来，习近平总书记在多次讲话和论述中反复强调“创新”。只有不断地创新思路，寻求突破，才能做出实效。

脚踏实地，不忘仰望星空。习近平总书记在2019年新年贺词中说：“我们都在努力奔跑，我们都是追梦人。”追逐的脚步从未停下，积累的过程不可或缺。同学们在脚踏实地走好眼前路的同时，别忘了仰望星空。正如高铁的时速不断刷新纪录，安全问题需要技术人员层层把关，认真调试。这是飞速发展的时代，更需要稳扎稳打的力量，无论是学生工作还是学习生活都要脚踏实地，一步一个脚印，用日常积累换取丰硕成果。

“快”时代的当下，更要沉下心来“慢积累”。吾辈青年需练就一身过硬本领，方可助力中华民族伟大复兴的中国梦。

“功成不必在我”有感

化学与材料学院　林文松

2018年两会期间，习近平总书记参加山东代表团审议时强调：功成不必在我并不是消极、怠政、不作为，而是要牢固树立正确政绩观，既要做让老百姓看得见、摸得着、得实惠的实事，也要为后人做打基础、利长远的好事，既要做显功，也要做潜功，不计较个人功名，追求人民群众的好口碑、历史沉淀之后真正的评价。

牢固树立正确的政绩观，实际上不仅在这次两会上习近平总书记作了重点阐释，在过去几年，习近平总书记也一直在强调。无论是一个执政党，或是一个官员，抑或是一个普通的人民教师，都应当有这种“功成不必在我”的责任感，这是一种崇高的人生境界，唯有舍“小我”为“大我”，方能做到“功成不必在我”。

对共产党而言，“功成不必在我”是为政之道。早在1848年，马克思和恩格斯以唯物史观为指导，第一次系统而又全面地阐述了科学社会主义理论，论证了资本主义必亡和共产主义必胜的人类社会发展规律。2018年是《共产党宣言》发表的第170周年，马克思、恩格斯用共产主义学说为世人描绘了一幅世界大同的蓝图，这是一个世界梦，一个需要世世代代的人为之接力奋斗才能完成的梦。回首中国共产党近百年来的奋斗历程，党领导全国各族人民从硝烟弥漫的战争年代一步步走向国泰民安繁荣富强的中国特色社会主义新时代，这正是无数共产党人胸怀“功成不必在我”的为政之道，抱着咬定青山不放松的坚定执着才实现的。我们要实现伟大梦想，不可能一蹴而就，需要全体共产党人都有一张蓝图抓到底的钉钉子精神，不忘初心，牢记使命，共同为实现伟大中国梦而奋斗。

对公务员而言，“功成不必在我”是从政之道。习近平总书记在《之江新语》中有这样一句话：“政声人去后，民意闲谈中。”作为一个肩负人民重托的官员，应该牢固树立正确的政绩观，不能因为“功成不必在我”，就不管事、不干事，而是应该有担当、敢作为，不求个人功与名，既要干一些看得到的显绩，又要干一些利长远的潜绩。摒弃为官不实、急功近利、面子工程、形象工程等虚假政绩现象，遵循自然的、发展的、历史的客观规律，多做打基础、谋长远的工作。中华民族伟大复兴的中国梦需要几代人、几十代人一茬接着一茬干，一棒接着一棒跑，一锤接着一锤钉的共同努力，身为官员应始终秉持“功成不必在我”的理念，想人民之所想、急人民之所急，为人民谋福祉，至于功名，历史自有评说。

对老师而言，“功成不必在我”是为师之道。2018 年两会期间，时任教育部部长陈宝生在做客《部长之声》时指出：“教育质量是尊敬出来的，不是谁抓出来的。”国将兴，必贵师而重傅。我国历来有“尊师重教”的优良传统，教育是引领未来的工作，引领未来的行业。未来是可以期望的，但却是不确定的。面对这种不确定性，广大的老师要有“功成不必在我”的为师之道，树立良好师德师风，牢记教育事业使命。教育质量好的前提是教师自身要有好“质量”，教育更是一项需要绵绵用力、久久为功的伟大事业，广大老师应当自尊自爱，更要自强，努力提升自身水平，自己先尊敬这份神圣的职业。你或许不知道或看不到学生将来能取得何种成就，但作为老师，你能做的就是为学生做好铺垫、打好基础、树立理想、引正方向，未来的学生定当铭记这位良师益友。

辩证理解“功成不必在我”，深刻领悟“功成不必在我”，自觉践行“功成不必在我”，愿我们的人生不虚此行。

志愿者：利己或者利他？

经济学院　杨顺昌

志愿服务月里，很想和大家一起分享我当志愿者的那些事儿、那些感悟，那是一段从迷茫到坚定、从利己到利他的心路历程。

一

或许是因为沉迷学习，或许是因为自我闭塞，上大学之前的我，竟几乎对志愿服务一无所知。第一次当志愿者是在2010年担任校图书馆义工，也就是大学入学后的第二个学期。

也是这一学期，我听说志愿服务时数可以在综合测评中加分，所以我在一段时间内参与了各种社团组织的各类志愿服务活动。

比如在西湖公园为云南旱灾灾区募捐、参与林则徐纪念馆清洁志愿服务、义务清理鼓山垃圾，等等，“赚”思品分的同时还“顺便”走遍福州。

那时身披绶带的我，可以说有志愿者的身份标识，却没有志愿者的身份认同，因为我没有真正理解、甚至没有试着去理解志愿服务究竟是什么。

二

直到偶然间看了校研究生支教团成立十周年纪念视频，看到那些因家境贫寒而无力求学的孩子，看到那些支教生活艰辛却仍坚韧向善的学长学姐，看到那些非亲非故却愿意伸出援手的爱心人士，我才意识到，志愿服务不能成为“利己”的摇篮，这里应该有最纯真、最善良和最无私的付出。

后来的我，有幸加入研究生支教团大家庭，在那里，我逐渐成为一个无愧于心的志愿者。这种转变不是一段视频、一次服务的功效，而是一次又一次刻骨铭心之后的洗礼。

三

2017年的一天，我收到了一条来自西部学生的QQ信息，内容原话是：“我是一个被你影响的学生。在你们马上离开的时候，你不是给我们讲了你的故事吗！”“我特别感谢你。要不是你，我现在连补习的机会都没有。我现在在新疆大学科学技术学院读金融学。”“要不是你，我都不知道我现在是啥样子。”隔着屏幕，我感受到了他的激动。隔着屏幕，他看不到我的感慨万千，那是精心播种，几年后迎来收获的喜悦。

其实，每一次志愿服务都是一次播种的过程。作为播种者，我们不求每颗种子都能生根发芽，但只要我们坚持不懈，总会等到收获的那一天。

四

或许有人觉得，我们个人的力量微不足道，可有可无。

请你相信，我们的微薄之力也能成为磅礴力量，我们的点滴努力也能汇就浩瀚江河。当然，前提是大家都不因善小而不为。

或许有人觉得，只有披上绶带、穿上志愿服装的人才是志愿者。

请你铭记，真正的志愿者在没有身份标识的情况下也能随手志愿，那是深入骨髓的对于志愿者的身份认同。常怀爱人之心、常践友善之行，随时随地，我们都是志愿者。

或许有人觉得，我们乐于助人，但别人不一定会帮助我们。

请你理解，我们的德行虽不能以“福报”为目的，但如果德行成为社会风气，“福报”自然随处可见。过去几年的时间里，我每次捡到东西，都会想方设法归还。而我自己也在学校里丢过餐卡、丢过钥匙，甚至还丢过一次手机。庆幸的是，它们都能失而复得，这得益于身边许许多多随时随地助人为乐的志愿者，这也是对“助人者自助”的一种诠释吧。

或许你曾经因为各种原因“被志愿”，有一些不太愉快的“志愿”经历。但请你细思，一些看似无聊的志愿服务不正是磨炼心性的过程？能让你走出宿舍、走下网络的志愿服务不也有利人利己的价值？能让你发现助人之乐的志愿服务不正是涵养我们志愿精神的意外收获？

“奉献、友爱、互助、进步”的志愿精神并非与生俱来，但每个人都能通过志愿服务感受助人之乐、体会志愿价值，从而实现从“利己兼顾利他”到“利他兼顾利己”，甚至到“完全利他”的价值超越。虽然这很难，但我们可以努力使自己接近！

珠峰，不只是珠峰

公共管理学院　蔡艺颖

2020 年 5 月 27 日 11 时 3 分，2020 年珠峰高程测量登山队成功登顶珠峰！“世界第三极”即将迎来其“身高”的历史性更新。

珠峰不仅是地球之巅，亦是科学探索之巅。追问珠峰海拔的过程，是我国科学家挑战自身，突破技术极限的过程，体现了顽强拼搏的民族精神。

以身许国，何事不敢为

60 年前，从零开始的中国登山队为了捍卫国家尊严、保卫国家领土完整，历经艰辛，面对质疑，背负着国家和民族的期望，为国攀登，舍命冲顶，向世界宣告了中国人有能力登顶珠峰，让五星红旗在世界之巅高高飘扬。皑皑白雪之上鲜亮的五星红旗，是我们心中圣洁的风景，也是一种信念，更是一种鞭策，召唤我们在各自岗位上开拓进取、追求卓越，为中华民族伟大复兴尽一份责任，为实现中国梦贡献一份力量。

在电影《攀登者》中，关于“人为什么要登山”，学生问：“登山能解决几亿人的吃饭问题吗?”方五洲（吴京饰演）答：“几亿人民只想着吃饭这点儿问题，我们这个民族又有什么希望呢?”

一寸山河一寸血，珠峰的每一寸领土都闪耀着英雄的荣光、浸染着爱国的深情。在历史的长河里，无数仁人志士重道义、勇担当，厚植家国情怀，为了中华民族独立和振兴上下求索、前仆后继。詹天佑和同伴们幼年留洋，师夷长技，归国后“各出所学，各尽所知，使国家富强不受外侮，足以自立于地球之上。”新中国成立后，钱学森、邓稼先、郭永怀等一批知识分子突破重重封锁回到祖国，在极端艰苦条件下开展科学研究，呕心沥血、无私奉献。从塞罕坝林场的建设者到新冠疫情期间的医护人员，无数逆行者用义无反顾的背影凝练成团结一致、忘我牺牲、共克时艰的中国精神，撑起如今的岁月静好。当我们每个人都能清醒认识肩负的责任，承担起新时代的历史使命，砥砺家国情怀，最大限度地敬业、奉献、创新、创造，相信我们能与国家最高科学技术奖获得者、中国著名大气物理学家叶笃正先生看到同样的图景：“我有一支能透视未来的望远镜，通过它我看到了一个年过五千岁的中华民族站在珠峰之顶，面带慈祥的微笑，遥望着远方。”

路漫漫其修远兮，吾将上下而求索

在皑皑白雪无法掩盖山石凌厉的珠峰上，登山队员的身影何其渺小，但微末之躯不掩凌云之志，这是人类社会不断进步的力量源泉。

人类不断求证“世界之巅”的精确高度。70 多年来中国人不断丰富登顶珠峰的时代内涵，历次测高标志着当时国家科技发展水平的“身高”。本次测量，5G 助力，“北斗”发威，国产测绘仪器装备全面担纲，“中国创造”为精确测高加持赋能，这是新时代中国全面发展进步的一个缩影。世界屋脊投射出中国挑战世界科考极限的自信与力量，再一次见证了中国人不懈探索和笃定前行的坚韧，也将激发公众的科学兴趣，营造勇闯“无人区”的创新氛围。

探索，让我们的祖先走向世界，让玄奘法师西行取经，让郑和七下西洋，让杨利伟成为进入太空的中国第一人，让“天宫”“嫦娥”“玉兔”从神话成为现实……今天的中国，需要青年勇于担当、引领创新、向下探索，于基础科学研究。

2020 年 5 月 15 日，美国政府号令全世界半导体企业“如果为华为生产芯片，就需要获得美国许可”。这次对华为的“斩根”行动，正是由于华为这些年制定5G标准、实现芯片底层的突破、开发操作系统，正努力成为一家“根”部企业。“根”技术买不来也求不来，需要国家、社会、企业、个人具备强大的心力，坚持远大的目标，保持开放的姿态。全社会不急于追求商业价值，而要更加重视人才，鼓励他们探索“枯燥、难以创新、难出成果”的基础学科，提出更多的原创理论，实现更多的原创发现。

登高必自卑，行远必自迩

山再高，往上攀，总能登顶；路再长，走下去，定能到达。攀登珠峰，充满危险与艰辛，靠的是不向高山低头、不为困难折服的精神。攻坚克难的奋斗意志支撑了登山的行动，更支撑着国家的发展、民族的进步。

这些年，中国这个“基建狂魔”声名在外，一系列超级工程举世瞩目，“村村通”等系统工程切实改善人民生活条件。我们早已习惯了无处不在的Wi-Fi和手机网络，习惯了高铁动车速度，习惯了跨越天险的“通天大道”，但我们不能忘记新中国登高行远的栉风沐雨。其实哪有什么“基建狂魔”，不过是面对困难从未退缩，从1949年到2020年，从一穷二白到决胜脱贫攻坚，我们在一次次艰难的攀登中，一步步抵近民族复兴的伟大梦想。

2020年新冠肺炎疫情期间，为了让一个藏族姑娘不用登雪山找信号，通信公司专门架设一个基站让她能在家上网课。这不符合商业逻辑，却体现了“基建狂魔”的责任和担当。

多年以来，深藏在雅鲁藏布大峡谷中的“莲花秘境”墨脱县，一直被“基建狂魔”不计成本地宠爱。长度117千米的墨脱公路，却堪称世界上地质构造最复杂的道路，建造历时近50年，经过5次重大修建和不计其数的小修理，2013年才正式通车，2018年才实现全年通车。哪怕有再多的艰难险阻，也要让天堑变通途，这是“基建狂魔”的执着和坚守。

为珠峰量身高的自然资源部第一大地测量队自1954年建队以来，测天量地，只步为尺，用青春和生命默默丈量着祖国的壮美河山，为国家的经济建设提供了有力的测绘保障。火神山、雷神山建设者创造的惊人速度，投射出“基建狂魔”缔造奇迹的“魔力”。用汗水与智慧汇聚起国家奔腾向前的历史潮流，这是“基建狂魔”的信念和底气。

没有比人更高的山，没有比脚更长的路

新冠肺炎疫情突然给全世界按下“暂停键”，而中国攀登者的脚步却未因此停止，给全国人民注入巨大力量。在实现中华民族伟大复兴的道路上，我们每一个人都是攀登者，任何困难都无法阻挡我们向上的脚步。

在决战决胜脱贫攻坚、全面建成小康社会的关键时刻，我们应主动出击，克服疫情带来的困难，破解经济社会发展难题，越是艰险越向前。伟大梦想不是等出来、喊出来的，而是拼出来、干出来的。在此关键时刻，更要坚定信心、顽强拼搏，奋力跨越各种艰难险阻，在危机中育新机，于变局中开新局。

青春由磨砺而出彩，人生因奋斗而升华。别在无聊的事情上、无端的抱怨牢骚上浪费大好时光，青春好时光应当“在为人民服务中茁壮成长、在艰苦奋斗中砥砺意志品质、在实践中增长工作本领”，“让青春在党和人民最需要的地方绽放绚丽之花”。

无论“后浪”“非浪”，每朵浪花或多或少都有“惊涛拍岸”的梦想。为了汹涌澎湃，我们得储力蓄能、顺汐而动，要与社会的发展共命运，与人民的幸福同呼吸，“坚定理想信念，站稳人民立场，练就过硬本领，投身强国伟业，始终保持艰苦奋斗的前进姿态，同亿万人民一道，在实现中华民族伟大复兴中国梦的新长征路上奋勇搏击”。

只要山在那里，攀登的步伐就不会停歇。

向上，向上！

让我们把困难踩在脚下，向着更高的目标奋勇攀登！

奋斗追梦

时代之变，意味着机遇与挑战并存，意味着我们的“命运”必须紧紧握在自己手中。梦想属于每一个人，广大青年师生要敢想敢干、敢于追梦，用实干和拼搏绘就理想图景，用勤劳和勇敢创造美好生活，更要用中国制造、中国创造、中国建造，去见证中华民族伟大复兴的明天。我们都在努力奔跑，我们都是追梦人！

在最闪亮的坐标指引下成长为时代新人

传播学院　王双煌

2019年3月30日，在四川凉山木里县的森林火灾中，27名森林消防人员和3名地方干部群众，献出了自己的宝贵生命。在遇难消防员中，1位80后，24位90后，2位00后。他们有的原本年内准备举办婚礼或是为家里买房，有的原本打算退役后去上大学……他们在平凡中铸就伟大，他们的事迹感动了无数国人。随后，应急管理部、四川省人民政府批准追认在四川凉州木里森林火灾中英勇牺牲的30名同志为烈士。

梨花风起正清明，在这缅怀英烈的时节，“英雄”这个词在我的脑海里不断地浮现。他们有为革命成功抛头颅、洒热血的先烈，有抵御外侮、救亡图存的勇士，有穿越战火仍存于世的老兵，还有新中国成立70年来，奋斗奉献在和平年代里的英雄。

作为民族最闪亮的坐标，英雄们见证了新中国在战火中诞生、在建设中成长、在改革中强大。习近平总书记曾说过，“一个有希望的民族不能没有英雄，一个有前途的国家不能没有先锋”，“实现我们的目标，需要英雄，需要英雄精神”，“我们要铭记一切为中华民族和中国人民作出贡献的英雄们”。站在新中国成立70周年的历史节点，抚今追昔，处于人生拔节孕穗期的新时代大学生，应该在英烈精神的洗礼和熏陶下，汲取前进动力，补足精神之钙，拔节成长为时代新人。

崇尚英雄，心怀“英雄梦”。“中华民族是崇尚英雄、成就英雄、英雄辈出的民族。”2014年，我国将9月30日设立为烈士纪念日，2015年，为“英雄们”颁发“中国人民抗日战争胜利70周年”纪念章，2018年，全票通过《英雄烈士保护法》。一个个国家行动生动诠释了中华民族是崇尚英雄的民族。和平年代同样需要英雄情怀，作为青年大学生，我们每个人都应崇拜英雄、仰慕英雄、争当英雄，心怀新时代“英雄梦”。

捍卫英雄，抵制“虚无梦”。“有人刻意抹黑我们的英雄人物，歪曲我们的光辉历史，要引起我们的高度警觉。”“不要让英雄既流血又流泪。”自媒体时代，人人都有麦克风，个个都是“把关人”。然而，却有人通过微博、微信等平台辱骂、贬损四川凉山30名救火英雄，严重污染了社会风气，等待他们的自然是法律的严惩。所以我们“绝不做亵渎祖先、亵渎经典、亵渎英雄的事情”。当我们看到一切恶搞、诋毁、亵渎、漠视英雄的言行时，要拒绝做“键盘侠”，要敢于亮剑、敢于斗争，直至用法律的武器捍卫英雄的尊严，打击侮辱英烈行为、维护我们共同的精神家园。

学习英雄，追逐“青春梦”。精忠报国是英雄之魂，我们要向“危难时方显英雄本色”的四川航空“中国民航英雄机组”全体成员学习，向“守岛就是守国”的新时代奋斗者王继才学习，向那些在普通岗位挑起工作大梁、赢得百姓民心的英雄们学习。毕业于北京林业大学的蒋飞飞（在四川省木里县森林火灾中英勇牺牲的烈士之一），曾在自己的职业规划书中写道：“2011年中旬，我将离开北京林业大学，投身森林武警部队，这是我人生的第一份正式工作，也许会是我人生永恒的事业。”我们要以他们为榜样，学习他们的英雄事迹，把英雄精神融入个人对日常学习工作的追求上，在奋斗中释放青春激情、追逐青春理想，做新时代的追梦人。

关爱英雄，共筑“中国梦”。“哪有什么岁月静好，只不过是有人替你负重前行。”四川木里森林火灾30名救火英雄牺牲的事迹感动了无数国人，之后全国各地民众以各种各样的形式向消防员群体表达了自己的关心和尊重。作为大学生，我们可以通过参加关爱英雄、烈属活动表达关爱；可以用真心支持在基层一线甘于奉献的无名英雄，用专业能力去发现关注传播身边的英雄事迹，讲好有血有肉、可爱可敬的英雄故事；可以与在平凡岗位上长期坚守、默默奉献、甘心付出的“平凡英雄”一道，以追梦人、奋斗者的姿态，为民族复兴铺路架桥，为祖国建设添砖加瓦。

年轻的战场

——写给追梦远方的青年学子

文学院　黄永茂

五月春正好，凤凰始盛开。50 多年前，来自全国 19 个省区 24 所大中专院校的 127 名毕业生奔赴塞罕坝开展造林运动。如今，130 多万亩林地郁郁葱葱，成了“水的源头、云的故乡、花的世界、林的海洋，摄影家的天堂，创业者的战场”。50 多年前，来自各领域的 10 多万官兵和技术人员前往荒漠戈壁马兰，丹心照大漠，血汗写艰难。不久，第一颗原子弹在那里爆炸成功。

翻开近代中国青年运动史，拂去岁月的尘埃，我们可以清晰地看到：20 世纪 30 年代，到延安去，到太行去，到敌人的后方去；20 世纪五六十年代，到边疆去，到三线去，到祖国建设的战场去；21 世纪初，到西部去，到基层去，到祖国最需要的地方去。可见，青年人“到哪里去”实现自己的人生价值，是每个年代的人都会面临的问题，它关乎梦想、关乎信念、关乎情怀、关乎责任、关乎奋斗，不同年代的人会给出不同的答案。

2019 年，是一个特殊的年份，恰逢五四运动爆发 100 周年，共和国成立 70 周年，也是全国各族人民决胜全面建成小康社会第一个百年奋斗目标的关键之年。同时，2019 年也是团中央、教育部组建研究生支教团 20 周年，西部计划实施 16 周年。近 20 年来，共有 29 万青年大学生志愿者深入中西部 2100 多个县（市、区、旗）服务基层，以青春之我，创造了青春之中国、青春之民族、青春之未来，生动诠释了“用一年不长的时间，做一件终生难忘的事”的深刻内涵。

到祖国最需要的地方去，那儿有我们的情怀。“征蓬出汉塞，归雁入胡天。大漠孤烟直，长河落日圆。”“明月出天山，苍茫云海间。长风几万里，吹度玉门关。”这些诗句为西部绘上了轮廓；张骞、骆驼、沙漠、敦煌、西域、胡琴、丝绸之路，为西部嵌入了灵魂。因此，很多青年学子在意境的驱使下，很想去触摸那粗糙的沙砾、飞扬的黄土，去体验那一望无际的壮阔和仰天长啸的豪放。但与之相伴的还有那丝丝荒凉，有那干涸龟裂的土地，渴望求知的小孩，破旧的土屋，面朝黄土背朝天的身影。这种不协调的画面，产生强烈的视觉冲击。这是我们的生活中很难遇到的，这也好像在诉说当代青年大学生要有一份责任感。这份责任感深藏久了，便有了到西部去、到基层去、到祖国最需要的地方去建功立业的强烈愿望，这便是我们的情怀。“心中有阳光，脚下有力量，为了理想能坚持、不懈怠，才能创造无愧于时代的人生。”

到祖国最需要的地方去，那儿有我们的战场。曾与南京一高校支教志愿者交流，她说自己是学音乐的，被分配到农村中学当语文老师，一节课三分之一的时间在维持课堂秩序，三分之一的时间在努力听懂孩子们的方言，只有三分之一的时间在上课。曾经很无奈，但舍不得轻易放弃自己“不破楼兰终不还”的誓言。于是，自己努力学方言，一字一句给孩子们纠正发音；放学后，抓紧时间给孩子补课；周末的时候一家一家去家访；同时，给孩子们讲道理，立规矩。一年之后，孩子们安静了，交流没障碍了，班级总成绩提升到年级第一。在一届接一届支教同仁们的共同努力下，很多孩子走出了大山，看到了他们渴望的“大海”；很多人受支教老师的影响，选择当老师，把当初支教老师教给他们的知识传承下去。这位支教志愿者还说，第一次到那儿，很不习惯，在国庆假期时，赶紧去了一趟县城，痛痛快快地洗了澡，大口大口地吃米饭，顺便买瓶大宝，心满意足坐了两个小时的车又回来了。一年之后，要离开了，全校学生在走廊上相送，那一刻觉得这一年的青春会让自己刻骨铭心。这就是我们的战场，有煎熬的时刻，也是让我们最恋恋不舍的时刻。就如同李克强总理所说：“一批批有知识、肯担当、能奉献的青年志愿者奔赴中西部贫困地区支教，不仅传授知识，为那里的孩子开启了一扇了解世界的窗口，照亮了他们的希望和梦想，而且自己也在实践中认识社会、历练成长，很有意义。”

到祖国最需要的地方去，那儿有我们的成就。“青年当有志，立志在四方，祖国需要处，皆是我故乡。”我们学校历来积极响应国家号召，党有指挥，青年有行动，一批批青年学子怀着“知明行笃，立诚致广”的校训精神，奔赴边疆、农村和基层，在服务地开展了教育教学、助学助困、成长导航、文化传播、捐赠帮扶等多种形式的服务工作，在那儿绽放青春，铸就风采。我们学校自启动中国青年志愿者扶贫接力计划研究生支教团项目以来，前后派遣了17批，共144位志愿者到甘肃省定西市漳县、武威市古浪县开展支教工作。16年来，研究生支教团建立了两所希望小学、一所教师培训中心；倡议捐款300余万元，共捐助了近4000名贫困学生；曾先后获得“福建省新长征突击队”、“感动福建”年度十大人物、“福建省第三届十佳志愿服务集体奖”等荣誉称号。

“白日不到处，青春恰自来。苔花如米小，也学牡丹开。”新一届毕业季的前奏已经吹响，你是否已穿上铠甲，准备奔向自己的战场，奔向祖国最需要的地方去，“在奋斗中释放青春激情，追逐青春理想，以青春之我，奋斗之我，为民族复兴铺路架桥，为祖国建设添砖加瓦”，为自己的芳华涂抹上最亮丽的底色。

爱国·励志·求真·力行

地理科学学院　邹秀琦

一年一度的学生表彰大会在旗山校区图书馆大礼堂举行，门前巨幅海报“星光榜”上满屏的国家奖学金、校长特别奖学金、三好研究生标兵、三好生标兵们的简历让围观的同学们直呼：“这就是我们学校的神仙聚会吧！”

不知从何时起，“神仙”成了同学们常用的惊叹词：清华大学本科生特等奖学金答辩会让观看者惊呼“神仙打架”；央视出品的《中央广播电视总台2019主持人大赛》让观众惊呼“神仙水准”。与过去对明星偶像“神仙颜值”的夸赞相比，不难发现大家对于实力、品质、内容有了更多的关注，对榜样的树立也有了更加正面、更具高度的追求。“榜样的力量是无穷的”，毛主席的名言历久弥新；“一个有希望的民族不能没有英雄，一个有前途的国家不能没有先锋。”习近平总书记的金句振聋发聩。那么，我们如何借榜样的力量助力自己不断前进呢？学榜样，要学榜样身上爱国、励志、求真、力行的闪光点。

爱国，把个人理想和祖国前途融合起来

1935年，张伯苓校长在南开大学开学典礼上的爱国三问——“你是中国人吗”“你爱中国吗”“你愿意中国好吗”，激发了一代知识分子的爱国之情。而新时代对青年发出了又一追问——“你愿意中国更好吗”。“时代楷模”黄文秀研究生毕业，毅然回到家乡，在脱贫攻坚第一线倾情投入、奉献自我；“天宫二号”航天团队历时五载，用青春和汗水打造了

中国第一个真正意义上的空间实验室；平均年龄不足 25 岁的中国女排姑娘们，在世界杯赛场上以毅力和勇气加冕世界排球“三大赛”十冠王……而就在我们身边的榜样——优秀学生代表王季潇同学，在读研究生前赴甘肃支教，助力西北教育事业。我们要学习榜样将小我融入国家大我，将青春梦融入中国梦，到祖国和人民最需要的地方建功立业，尽己所能、发挥所长为“中国更好”贡献青春力量。

励志，把人生幸福和永久奋斗联系起来

1939 年，毛泽东在延安庆贺模范青年大会上说：“中国的青年运动有很好的革命传统，这个传统就是‘永久奋斗’。”浙江送变电工程有限公司女子高空作业班检修人员，用女性的耐心细致编制电网、用男性的坚毅果敢挑战极限，在被称为“女子禁区”的高空，她们走线作业：在百米高处的导线上，她们如履平地；在海拔五千多米的青藏高原雪山上，她们经历暴雪、经历极寒，她们极度缺氧但不缺斗志，她们的人生幸福不仅来自于家庭，更来自于奋斗。而就在我们身边的榜样——无论是先进个人或集体，每一项成绩都不是轻轻松松“划水”得来，而是承载着“吃苦但不诉苦”的奋斗历程。习近平总书记在多个场合强调“幸福都是奋斗出来的”，“奋斗本身就是一种幸福”，我们要学习榜样这样的“奋斗幸福观”。

求真，把求真学问和练真本领结合起来

习近平总书记指出，人的潜力是无限的，只有在不断学习、不断实践中才能充分发掘出来。“传奇奶奶”姜淑梅 60 岁学识字，到了 82 岁出版了 5 本书，实现了从“文盲”到“网红作家”的“逆袭”；左眼失明、右眼视力只有 0.1 的 00 后女孩周芷晴，在课堂上用望远镜看板书，用放大镜读书、写作业，2019 年高考被中国人民大学录取；95 后少年蒋应

成，为着误差不得超过0.01毫米的喷漆工艺标准，废寝忘食、高强度训练、潜心学习与实践，用过硬的学识和技能成功挑战手工技术极限，站在了技能界“奥林匹克”之巅……而就在我们身边的榜样：我校学子在被誉为当代大学生科技创新的“奥林匹克”盛会的“挑战杯”竞赛中，凭借着扎实的专业知识和创新本领，获得特等奖1项、二等奖3项、三等奖2项、“累进创新作品”铜奖1项，首捧“优胜杯”，创“挑战杯”参赛以来的历史最佳成绩。我们要学习榜样“让勤奋学习成为青春飞扬的动力，让增长本领成为青春搏击的能量”。

力行，把仰望星空和脚踏实地统一起来

习近平总书记指出，学到的东西不能停留在书本上，不能只装在脑袋里，而应该落实到行动上，做到知行合一、以知促行、以行求知。是否还有同学看视频大赞“神仙”、幻想着自己有一天也能拥有美好才华的同时，躲在宿舍、瘫在床上直呼“我太难了”，成了精神萎靡的“特困户”和思想懈怠的“佛系青年”？我们看到清华学子“神仙打架”的背后是每周七天伴随图书馆闭馆音乐回寝室的坚持；看到主持人大赛选手们“为梦发声”的背后是文化底蕴扎实积累的付出；看到我校“星光榜”上闪耀的背后是这些同学起而行之的尝试、坚持不懈的忍耐。我们要学习榜样仰望星空不忘脚踏实地，将成绩一点一滴干出来。

同学们，让我们向典型学习、向榜样致敬，从他们身上“爱国、励志、求真、力行”的闪光点汲取向上力量，汇聚青春能量，努力成为自己甚至更多人的榜样！

做努力奔跑的追梦人

光电与信息工程学院　詹明瑛

“升国旗，奏国歌。”在2019年女排世界杯上，中国女排姑娘们实现了她们的目标！以十一连胜横扫对手，成功卫冕冠军，站上世界之巅。铿锵玫瑰的再度绽放，让人热血沸腾。正如习近平总书记在国庆前夕会见女排代表时指出：广大人民群众对中国女排的喜爱，不仅是因为你们夺得了冠军，更重要的是你们在赛场上展现了祖国至上、团结协作、顽强拼搏、永不言败的精神面貌。女排精神代表着一个时代的精神，喊出了为中华崛起而拼搏的时代最强音。

从1981年到1986年，中国女排创下了世界排球史上第一个“五连冠”，开启了我国大球翻身的新篇章。女排精神鼓舞着国人喊出了“团结起来，振兴中国”的时代口号。30多年后的今天，无数女排球员接续奋斗的积累，日复一日的训练，看到不可能接到的球依然会冲过去的本能，这些因素共同铸就了女排精神。在时代发展中迸发新的旋律，女排精神以愈发强劲的力量感染着国人，感染着青年学子。

人无精神则不立，国无精神则不强。女排精神具有凝心聚力的强大感召力，是同心共筑中国梦的精神力量，是新时代新青年走好人生长征路的定海神针。人们都向往诗和远方，但如果没有精神支撑，梦想会被眼前的苟且磨灭。濒绝境而重生的女排精神好似一道光，可以照亮迷茫时的人生路，激励青年人用祖国至上、团结协作、顽强拼搏、永不言败书写人生篇章，让不懈奋斗成为青春最鲜亮的底色。

学习女排精神，就要学习不忘初心，扎实苦练的坚定信念。女排精神并非横空出世，是信念和意志支撑着队员用一次次苦练、一场场硬仗打拼出来的。20世纪60年代，女排教练袁伟民受到《哥德巴赫猜想》一书的启发，认为陈景润在中国科学技术落后的情况下，依然解开了这个数学难题，靠的就是一个字“迷”。为提高排球项目水平，袁伟民要求队员对排球要极度专注和热爱，效仿日本著名排球教练大松博文的“魔鬼训练”，首次将男性陪练员带入训练课。男陪练将球从三米的高台一次次重重砸下，日复一日的训练锻造了队员们过硬的技术和钢铁般的意志，扎扎实实的苦练换来了“五连冠”的成功。反观当前很多同学进入大学之后，忘记了自己的初心，缺少坚定信念，沉迷游戏，浑浑噩噩，心浮气躁，临考前抱佛脚，考试后全忘光，没有明确的人生目标，没有勤学苦练，虚度了大好青春年华。作为青年学生，我们应该把握好当前的大好机遇，立鸿鹄志，沉得住气，矢志奋斗，以青春之我、奋斗之我久久为功，用坚定的信念、坚实的步子夯实人生的根基，成就出彩的人生。

学习女排精神，就是要学习无所畏惧、永不言弃的坚强意志。从来就没有一蹴而就的成功，更没有永远的常胜将军。回顾女排走过的路，有坎坷，有波折，曾经的接连失利令人扼腕，但正如郎平主教练所言，“女排精神不是赢得冠军，而是有时候知道不会赢，也竭尽全力；是一路虽经常跌倒，但站起来抖抖身上的尘土，依旧目光坚定；只要你打不死我，我就和你咬到底”。正是靠着这种意志和这股韧劲，中国女排在陈忠和教练的带领下走出低谷，“吃别人不能吃的苦”，队员身体素质不如欧美球员，基本技术也不行，要赢就必须在别人休息的时候，用更加刻苦的训练来弥补。在郎平主教练的带领下，中国女排狠抓基本功，科学训练，吃苦耐劳，用作风、用团队精神弥补技术短板，用刻苦训练、拼尽全力的意志打赢每场硬仗。中国女排的奋斗历程启迪我们面对困境、面对失败，要保有不抛弃不放弃的坚强意志，不放弃最后一刻成功的机会，不放弃任何成长的机会。励志勤学、刻苦磨炼，勇于担当时代使命，在激情奋斗中绽放青春光芒。

学习女排精神，就是要学习团结奋斗，为国争光的坚韧品格。一个人的拼劲会鼓励所有人，每个人的每一次竭尽全力，会汇集成整支球队的强大力量。中国女排正是用这样的团结奋斗在国际赛场彰显大国风范，为国争光的。不论是郎平毅然决然回国加入中国女排，还是中国女排顽强拼搏在国际赛场奏响中国国歌，无不体现了响应祖国召唤、团结奋斗为国争光的使命感。习近平总书记曾寄语青年，“当代中国青年要有所作为，就必须投身人民的伟大奋斗。同人民一起奋斗，青春才能亮丽；同人民一起前进，青春才能昂扬；同人民一起梦想，青春才能无悔”。爱国从来都不是虚无的口号，不是虚假的形式主义，青年一代要牢记时代使命，树立远大人生理想，扎实掌握过硬本领，把自己的理想同祖国的前途、把自己的人生同民族的命运紧密联系在一起，努力奔跑，共同追梦。

让奋斗成为青春最亮丽的底色

外国语学院　徐昕旸

2019年上半年，湖南卫视五四晚会上的情景剧《等待》刷屏各大网站、媒体平台，看哭了无数网友。节目用将近十分钟的长篇幅致敬两弹元勋邓稼先：1958年，34岁的邓稼先从接受研制原子弹任务开始，告别妻儿，深入大漠戈壁潜心钻研，度过了二十八年近乎“人间蒸发”的日子；1985年，当他回到阔别已久的家中时，已过花甲之年，带着一身病痛，一年后因直肠癌晚期离开人世。与邓老先生奋斗不已、奉献爱国的人生经历形成了强烈反差，当下“佛系青年”现象悄悄兴起，“丧文化”在青年群体中流行，满足于眼下的“小确幸”成为主流观点，没有目标、随波逐流成为一部分年轻人的新标签。

习近平总书记在纪念五四运动100周年大会上提出，希望新时代中国青年要勇于砥砺奋斗，勇做走在时代前列的奋进者、开拓者、奉献者，毫不畏惧面对一切艰难险阻，在劈波斩浪中开拓前进，在披荆斩棘中开辟天地，在攻坚克难中创造业绩。面对习近平总书记的殷切期望、面对邓老先生的励志故事，希望同学们都能“燃起来”，让积极奋斗成为青春的主旋律。

奋斗要有明确的方向，让青春与伟大祖国同在

心怀伟大祖国，勇担时代责任，奋斗就有了正确的方向。中学时代的邓稼先喜爱数学和物理，但卢沟桥事变的枪声打破了他平静的学习生活，也在他心中种下了“学成报国”的种子。在此后的日子里，不论是

青少年时代的发奋学习，还是刚取得博士学位 9 天就放弃了在美国优越的生活和工作条件毅然回国，抑或是义无反顾进入罗布泊牵头设计开发核武器，邓老先生的所有行为和所有决定都只有一个原因：祖国需要。对我们新时代中国青年来说，热爱祖国更是立身之本、成才之基。同学们的人生目标可能不尽相同，因专业的差异、兴趣特长的不同，职业选择也会呈现多元化的态势，但只有把自己的小我奋斗融入大我洪流，把个人理想与祖国前途、民族命运紧密联系在一起，才能更好地实现人生价值、升华人生境界。离开了祖国需要、人民需求，任何孤芳自赏的奋斗都会陷入越走越窄的狭小天地。

奋斗要有过硬的本领，让青春与刻苦学习相伴

青年是苦练本领、增长才干的黄金时期。邓稼先自幼就热爱学习，成绩优异：小学时候熟读四书五经、涉猎世界名著；中学时期师从清华、北大教授，学习突飞猛进，17 岁便考入西南联大物理系；青年时期赴美学习更先进的知识，学习刻苦，成绩突出，仅用一年多的时间就修满学分并取得博士学位。正因为有如此深厚的知识储备，邓稼先才能被挑选进入核武器研发团队，为国家的核事业贡献力量。与邓老先生所处的时代相比，当代青年有着更好的学习环境。当今中国社会安定和平，信息技术的发展让我们能高效便捷地获取最新研究成果，国家、社会对教育的高度重视让我们有了更优越的学习环境和更先进的研究设备。同学们更应当珍惜韶华，集中精力、孜孜不倦地学习，为奋斗的人生打下坚实的基础。同时，同学们也要积极融入社会实践，将理论与实践相结合，绝不做高分低能的“书呆子”。

奋斗要有坚定的决心，让青春与矢志奋斗为友

不积跬步，无以至千里，成功的花朵要用辛勤的汗水来浇灌。在秘

密研发核武器的过程中，邓稼先带领工作组成员刻苦学习理论，研究尖端科学，靠算盘和纸、笔，用三年的时间拿出了原子弹的设计方案，又用两年零八个月的时间制成氢弹，创造了世界最快速度，还建议中国发展巨型计算机以模拟核试验，前后累计共用了二十八年的时间，使中国赶在世界全面禁止核试验之前，达到了实验室模拟水平，把国家领向了安全地带。哪怕是在身体疼痛不止、全身大面积溶血性出血的生命最后时光里，邓老先生仍然在思考如何和平利用原子能。邓老先生用实际行动向我们生动诠释了“生命不息，奋斗不止”。奋斗不只是响亮的口号，更是脚踏实地的顽强拼搏，矢志不渝的奋力向前。习近平总书记在多个场合反复指出：“今天，我们比历史上任何时期都更接近中华民族伟大复兴的目标，比历史上任何时期都更有信心、有能力实现这个目标。”同学们作为新时代的奋斗者，更要牢固树立永久奋斗的伟大信念，培养不惧艰险、奋力向前的意志品质，将“永久奋斗”定格为人生总基调，为国家开创新的辉煌，为自己留下无悔的青春印记。

奋斗的青春才有意义，奋斗的青春也最美丽。希望同学们以邓稼先等优秀知识分子为榜样，树立正确的奋斗观，努力践行奋斗精神，抓住人生机遇，接受时代考验，做有理想有志向、敢拼搏勇开拓的“奋斗一族”，让奋斗成为青春最亮丽的底色。

对祖国最深情的告白是奋斗

体育科学学院　高　演

2019年10月1日，时值中华人民共和国成立70周年，全国各地披上了节日的盛装，处处洋溢着喜庆的节日气氛。为表达对伟大祖国的美好祝愿，青年学子们在一个个“打卡胜地”与国旗同框，让最美“中国红”刷屏朋友圈……浓浓的爱国热潮一浪接着一浪。爱国，是人世间最深层、最持久的情感，这种情感在历史的长河中孕育流淌、延绵不绝，在时代的场域里扎根生长、释放能量。“为什么我的眼里常含泪水？因为我对这土地爱得深沉。”爱国不仅仅是一种口号，更应是一份责任和使命。对于新时代青年而言，对祖国告白的方式有千百种，奋斗最深情。

弘扬爱国奋斗精神，广大青年必须坚定理想信念，勇担青春使命

过去的70年，从开启新时期到跨入新世纪，从站上新起点到进入新时代，中国特色社会主义各项事业取得的巨大进步，见证了奋斗者的足印，也开启了未来接续奋斗的征程。“共和国勋章”获得者黄旭华，隐姓埋名、扎根戈壁三十载，潜心为国铸重器；“两弹一星”功勋奖章获得者钱学森，数十年呕心沥血、攻坚克难，为祖国的航天事业做出彪炳史册的贡献；“天眼之父”南仁东，即使在生命的最后半个月里，仍然密切关注着500米口径球面射电望远镜的每一步进展……正是他们的奋斗和奉献，点滴创造着我们的幸福生活，也定义着自身的价值和成就。新时代青年是实现中华民族伟大复兴的生力军，要用习近平新时代中国特色社

会主义思想武装头脑，以坚定的理想信念把稳思想之舵、补足精神之钙，更好担负起时代赋予的青春使命。

弘扬爱国奋斗精神，广大青年必须勠力艰苦创业，彰显青春底色

“青年兴则国家兴，青年强则国家强。”“奋斗本身就是一种幸福，只有奋斗的人生才称得上幸福的人生。”习近平总书记的殷殷嘱托极大地激发了年轻一代不断完善自我、磨砺人生的斗志。“大国工匠”陈行行，在国之重器的加工平台上，用极致技术书写精密人生；“时代楷模”黄文秀，在脱贫攻坚第一线倾情投入、奉献自我，用美好青春阐释初心使命；“天宫二号”航天团队历时五载，用青春和汗水打造了中国第一个真正意义上的空间实验室……奋斗是幸福的，奋斗也是艰辛的、长期的、曲折的，没有艰辛就不是真正的奋斗。新时代青年是国家的前途、民族的希望，要始终保持艰苦奋斗、戒骄戒躁的作风，以时不我待、只争朝夕的精神，让奋斗成为青春最亮丽的底色。

弘扬爱国奋斗精神，广大青年必须勇立时代潮头，放飞青春梦想

这是一个伟大的时代，涓滴努力都在向着大海涌流。对社会而言，奋斗是推动时代前进的动力；对个人而言，奋斗是实现自身成长的阶梯。80后小学校长张玉滚，主动放弃大都市的优越生活，毅然决然回到家乡，为乡村教育事业倾注全部心血和汗水；90后大学教授刘明侦，在自己钻研的领域取得突出成果，不足而立之年就完成由学生向教授身份的转变；平均年龄不足25岁的中国女排姑娘，在世界杯赛场上以十一连胜的不败战绩加冕世界排球“三大赛”十冠王……在这个为新时代青年人生搭建广阔舞台的今天，广大青年既是追梦者，也是圆梦人，要勇做时

代的弄潮儿，在新时代的万里长空中放飞青春梦想，以青春之我、奋斗之我，为民族复兴铺路架桥，为祖国建设添砖加瓦。

风好正扬帆，奋斗正当时。以社会主义建设者和接班人的使命担当，把好人生的航向，一步一个脚印，年轻的人生定将绽放夺目的光彩，中华民族伟大复兴的中国梦终将在一代代青年的接力奋斗中变为现实。

传承五四精神，做好社会主义建设者和接班人

法学院　陈宗慧

发生在100年前的五四运动，是我国新民主主义革命的开端，中国青年作为一支先锋队，积极推动社会的发展进步。

100年来，我们党始终高度重视青年、关怀青年，对青年一代寄予殷切期望，把青年看作是民族的希望、祖国的未来，热情鼓励和坚定支持青年敢于有梦、勇于追梦、勤于圆梦，为实现中华民族伟大复兴的中国梦而不懈奋斗。

100年来，一代又一代中国青年在党的领导下，大力弘扬"爱国、进步、民主、科学"的五四精神，积极投身于革命、建设和改革的伟大实践。他们在烽火连天的革命战争时代，冲锋陷阵、浴血奋战，建立了新中国，中华民族站了起来；他们在内外交困的艰难岁月里，忘我劳动、艰苦创业，一支支的青年突击队以强烈的积极性，创造了巨大的生产力，中华民族富了起来；今天，一批批的新时代青年立足岗位勇挑重担，他们不怕牺牲、勤勉工作、开拓进取、敢于创新、尽心奉献，用自己的奋斗、才智和辛勤的努力，奋力实现中华民族强起来的目标，为党和人民事业建立了不朽功勋，在平凡岗位上书写时代壮歌。这些也正是五四运动精神的传承和生动体现。

有什么样的精神，就有什么样的力量；有什么样的信仰，就有什么样的方向。站在新的历史起点上，青年学生当不忘初心、不辱使命，自觉传承五四精神，接过革命先辈的接力棒，勇于再上新台阶，用一生来践行跟党走的理想追求。

传承五四精神，我们应当坚定理想信念，敢于有梦。古人云："志之

所趋，无远勿届，穷山距海，不能所限也。志之所向，无坚不入，锐兵精甲，不能御也。”100年来，一批批中国青年坚定理想信念，坚守精神追求，义无反顾地选择了共产主义，用生命为我们创造出今天的幸福生活。我们要沿着前人开辟的正确道路，树牢“四个意识”、坚定“四个自信”，坚决做到“两个维护”，将个人的理想与国家的前途、民族的振兴、人民的幸福紧密结合，以“精卫衔微木，将以填沧海；刑天舞干戚，猛志固常在”的毅力，做好社会主义事业的建设者和接班人。

传承五四精神，我们应当勤于学习钻研，勇于追梦。“立身百行，以学为基。”学习是一个学生的根本，更是一个人安身立命、谋求发展的基础，应该把学习作为首要任务，用知识武装自己，增长本领。孟郊在《劝学》中写道，“人学始知道，不学非自然”，这世界上根本没有绝对意义上的天才，我们坚持持续学习、终身学习，用脚踏实地、求知若渴、敢于攻坚的姿态，“把学习作为责任，把学习作为生活态度，把学习作为精神追求”，以青春的担当切实担负起时代的重任。

传承五四精神，我们应当积极投身实践，实干圆梦。实践是检验真理的唯一标准，也是有志青年增长才干最好的课堂。我们想明白了一些道理，却不懂得去实践它，那只会让我们更加迷茫。我们要学会从小事做起、从身边做起，目标要清晰，行动要迅速，要坚持不懈，通过每天的积累让自己更加优秀，实现量变到质变的飞跃。青年学生只有投身实践，才能发现自己与社会的差距，才能对社会有更深的认识。

青年一代有理想、有本领、有担当，国家就有前途、民族就有希望。2019年是五四运动100周年，是新中国成立70周年，是全面建成小康社会关键之年。在这新的时代起点上，我们青年要高举五四火炬，“坚定理想信念、练就过硬本领、勇于创新创造、矢志艰苦奋斗、锤炼高尚品格，在弘扬和践行社会主义核心价值观中勤学、修德、明辨、笃实，爱国、励志、求真、力行，同人民一起奋斗，同人民一起前进，同人民一起梦想”，做德智体美劳全面发展的社会主义建设者和接班人，让青春在实现中国梦的伟大实践中焕发出更加绚丽夺目的光彩。

为梦发声

物理与能源学院　华美花

央视出品的《中央广播电视总台2019主持人大赛》（以下简称《主持人大赛》）节目一播出便牢牢地抓住了观众的眼球，成为很多观众心中的优质节目，只能用“央视出手，必然精品”“高手过招，神仙打架”等来形容对于节目品质和选手表现的惊叹。时隔八年，《主持人大赛》重磅归来，迅速“走红”，该节目不仅直观地为观众呈现了主持界最高水准，也向新青年展示了何为“腹有诗书气自华”。

有人说，这是一个“娱乐至死”的年代，我不否认。但央视的“走红”、《主持人大赛》的“走红”，包括此前《朗读者》《中国诗词大会》《国家宝藏》等央视精品节目的“走红”，是偶然还是必然？我认为是必然，它传达了知识的价值是潜在的滋养，梦想的价值是长期的指引，奋斗的价值是实质的提升，坚持的价值是稳步的进阶。无论时代如何变迁，技术怎样革新，知识的力量，梦想的光芒，奋斗的声音，坚持的成效都不会减弱。若你仍盲信“知识无用论”“梦想无用论”“坚持无用论”等，请转变观念，主动求学。身处网络时代，比起流量明星的娱乐新闻，新青年需要的是更为权威、准确和有价值的信息。《主持人大赛》等节目正是通过对新青年的思想引领，潜移默化地影响着新青年求学求知的态度和矢志奋斗的决心。选手们所展现的风采也印证了习近平总书记对新青年提出的要求：树立远大理想，练就过硬本领，勇于砥砺奋斗。

树立远大理想，有梦才能远航！理想的力量超乎你的想象。一百年前，我们的理想是外争国权，内惩国贼，振兴中华；七十年前，我们的理想是改变旧中国任人侵略奴役的面貌，让中国人民站起来；四十年前，我们的理想是改变积贫积弱的贫困面貌，让中国人民富起来；现在，步入社会主义新时代，我们的理想是实现中华民族伟大复兴的中国梦。身处伟大的时代，新青年需要树立与时代、与祖国同向同行的理想信念。或许你会说，你只想着成为一名普通的人民教师、医务人员，一名不起眼的手工艺人……但在平凡的岗位上踏踏实实、兢兢业业本身就是不平凡。不要怀疑自己的梦想太小，千千万万“小小”的梦想如点点星光，如涓涓细流，汇聚在一起，就是最浩瀚的星辰大海！也不要质疑自己的理想太大，大到难以企及，一步一个脚印的攀登，你终会攀上属于自己的“珠穆朗玛峰”！

练就过硬本领，有“才”方能绽放！本领才是对自己最好的装扮。习近平总书记说：“新时代中国青年要增强学习紧迫感，努力学习马克思主义立场观点方法，努力掌握科学文化知识和专业技能，努力提高人文素养，以真才实学服务人民，以创新创造贡献国家。”当你不断惊呼“这是什么神仙选手”时，你是否想过，是多少次的日夜练习才带来了台上的娓娓道来，是多少次的历练打磨才成就了台上的不慌不忙，是多少年的知识积淀才造就了台上的应答如流。腹有诗书气自华不是一朝一夕的成就，日夜苦练，夯实基础，精雕细琢，精益求精，这才是对待科学文化知识和专业技能应有的求学求知态度。身处大学校园的你，在最美好的时光里遇见了最伟大的时代，唯有孜孜以求，锤炼本领，方能无愧于心。

勇于砥砺奋斗，用行动开拓未来！奋斗是青春最亮丽的底色。习近平总书记说：“新时代中国青年要勇做走在时代前列的奋进者、开拓者、奉献者，毫不畏惧面对一切艰难险阻，在劈波斩浪中开拓前进，在披荆斩棘中开辟天地，在攻坚克难中创造业绩，用青春和汗水创造出让世界刮目相看的新奇迹！”激励人心的话语，鼓舞着我们用奋斗书写芳华。我想，90后的童年里应该都有“芝麻哥哥”刘洋的身影，他代表了一大部分新青年的童年回忆。当康辉询问“芝麻哥哥”做了16年的主持人，为何还要站在主持人大赛的舞台上时，他是这样回答的：人在自己的位置上做选择是最难的，要有勇气，挑战自己。是的，挑战自己，让奋进的青春激情“上线”，让信心满满的青年砥砺前行！新青年要仰望星空，更要脚踏实地。让我们珍惜这个伟大的时代，跟上党的步伐，做新时代的奋斗者，在砥砺奋斗中担起时代责任，在披荆斩棘中开辟天地，在攻坚克难中创造佳绩，用奋斗刷新生活，用实干点赞时代，为实现中华民族伟大复兴的中国梦添砖加瓦。

在学思践悟中筑牢青春逐梦的路基

经济学院　张　翼

青年兴则国家兴，青年强则国家强。新时代青年承载着祖国的未来，寄托着民族的希望，是实现“两个一百年”奋斗目标和中华民族伟大复兴的中坚力量。在青年逐梦的身姿上，我们仿佛能看到一个朝气蓬勃、锐意进取的中国，感受到一股又一股振奋人心、催人奋进的力量。让青年成长和国家发展同频共振，中国的明天将会有更为广阔的空间；让广大青年在学思践悟中筑牢逐梦的路基，青春梦将激扬出中国梦辉煌壮丽的崭新篇章。

勤于学习，用科学知识武装头脑

非学无以广才。重视学习、勤于学习是流淌在我们血液里的文化基因，几千年来，一代又一代的中华儿女们秉持着“朝闻道，夕死可矣”的追求和“周虽旧邦，其命维新”的精神，踏上了“为天地立心、为生民立命、为往圣继绝学、为万世开太平”的征程。时代潮流浩荡前行，值此中国百年未有之大变局之际，广大青年应以勤为径、以苦为功，广泛涉猎政治经济、历史文化、法律社会、科学技术等各方面知识，博观约取，须臾不可延误学习这件大事、要事，不断武装头脑，增益其所不能，认识新事物、熟悉新领域、开拓新视野、练就新本领，方能迅速步入青春逐梦快车道，确保学习成为助力梦想远航的强大引擎。

乐于思考，用上下求索汲取力量

学而不思则罔。思考是学习的关键，思考的深度决定了学习的程度。新时代青年思维开放、视野开阔，更应紧紧扭住“思考”这个牛鼻子，通过深入求索，把零散的变为系统的，把孤立的变为联系的，把粗浅的变为精深的，把感性的变为理性的；充分发挥大脑进原料出产品的加工厂作用，不断增强政治思维、辩证思维、历史思维、创新思维和底线思维，练就敏于发现的眼睛、深刻洞察的头脑与明辨是非的本领。苦思冥想、苦心孤诣，往深里走、往实里走、往心里走，用思考汲取力量，思出自觉自信、信出责任担当、悟出理想信念。

敢于实践，用知行合一成就本领

大道至简实干为先。习近平总书记指出，学到的东西，不能停留在书本上，不能只装在脑袋里，而应该落实到行动上，做到知行合一、以知促行、以行求知。新时代青年使命在身、责任在肩，唯有面向实际，方能丰盈羽翼、展翅翱翔；唯有深入实践，方能攻坚克难，健骨强魂；唯有加强磨炼，方能百折不挠、奋勇争先。面对未来，青年大有可为，青年必有可为，应以“新”的思路、“闯”的勇气、“拼”的劲头，做起而行之的行动者，不做坐而论道的清谈客；当攻坚克难的奋斗者，不当怕见风雨的泥菩萨；在摸爬滚打与层层历练中增长才干，不以事艰而无为，矢志任重而奋行，将实干与行动勾画成梦想最生动的注解。

善于领悟，用砥砺奋进升华价值

学习、思考、实践、领悟是一个学而思、思而践、践而悟螺旋式上升的过程，只有不断学习、勤于思考，理论联系实践，最终才会有所感悟，有所提升。在这个千帆竞发、百舸争流的时代，所有的领悟都是让实践沉到深处、落到实处，绝不能有半点骄傲自满，也绝不能有丝毫犹豫不决，丰富的实践经验启肇今人，学懂、弄通、做实、领悟，每一次的成长都是破茧成蝶，只有躬身践行、时时对照、深刻探索，才能自我诠释、自我定位、自我完善、自我升华，而当无数砥砺奋进的拼搏青春的人汇聚在一起时，描绘的将会是一幅新时代青年家国情怀的壮丽篇章。

梦想不会自动成真，奋斗是其桥梁。

目标不会自动抵达，奔跑才有远方。

在这个属于奋斗者的新时代里，我们都是追梦的人，不驰于空想、不骛于虚声，每个人都应当加满油，掌好舵，铆足劲，向前冲，用理想信念擦亮青春筑梦的底色，用学思践悟筑牢青春逐梦的路基，奋勇前行，同心追梦，在讴歌新时代宏伟大业的蓝图里奏响青春乐章，在实现中华民族伟大复兴的接力征程中闪耀青春光芒。

以青春之名：初心不忘，星辰终遇

化学与材料学院　林小燕

2019 年注定是不平凡的一年，它迎来了中华人民共和国成立七十周年、五四运动一百周年。如此幸运，我们能够在最美的年华遇上新时代，在奋斗的光景中展现新作为。

盛世华诞，国庆银幕巨献《我和我的祖国》，与其说这是一部厚重、隽永的爱国教育片，我更愿意把它理解为深沉、留香的家国崛起史，轻快、明丽的青春奋斗史。它是电影，是纪录片，是青春宣誓，更是初心与使命。

初心是什么？是“精攻核武器、甘献宏谋”的于敏，是“扎根农村、勿忘劳动”的申纪兰，是“驰骋航天、筑梦追星”的孙家栋，是“保家卫国、英雄无言”的张富清，是“禾下乘凉、梦想不息”的袁隆平，是“国之重器、痴乐潜艇”的黄旭华，是“以身试药、执着追求”的屠呦呦，是你、我、他……

历史长河，他们默默奉献，把光辉融进祖国的血肉里，铸成党的伟大，谱写出如歌岁月，汇成不忘初心、牢记使命、勇于奉献的时代礼赞；新时代，我们汲汲求索，把初心融进青春梦想，锤炼成可爱的人儿，镌琢出星辰浩瀚，绵延成富有理想、饱含激情、愿意奋斗的执着信念。以青春之名，揽收满空星辰，我们应该做到：

第一，坚持爱国立人。“今日所最要着，则制造中国魂是也。”梁启超在《中国魂安在乎》中提出这样一句话。青春的底色是爱国，我们要始终做到热爱自己的国家与民族，用青春告白祖国，用立人推进国民素质。“立言先立德，立文先立人。”作为一名大学生，更应该做到以德立学、以德立身、以德立人，谨守学术道德，秉承“重教、勤学、求实、创新”的优良校风，捍卫心中的道德净土。以实际行动争做科研成果的创造者、建设科技强国的奉献者、崇高思想品格的践行者，做到爱国与立人相统一。

第二，坚定理想信念。星途遥远，追星路上要有信仰、有情怀、有担当、有坚韧，树立高远的理想追求；要自觉践行社会主义核心价值观，讲责任、讲道德、讲品位、讲格调，熔铸人生大讲堂。学会坚守个人追求，多下苦功，勤练真功，甘修远功。正如高尔基所言，一个人追求的目标越高，他的才能就发展越快，对社会就越有益。我们应当坚守理想信念的磅礴力量，学会将中国梦融入个人追求，做到坚定理想信念与个人追求相统一。

第三，不断充实完善自我。“求木之长者，必固其根本；欲流之远者，必浚其泉源。”学生阶段是增长自身才干、学习科学知识的最好时机。我们要确立目标和理想，掌握有效文献阅读方法，增强人文素养与传统文化底蕴，提高绘图撰文能力，强化实验技能，掌握仪器使用方法与原理。涉猎政治经济、人文地理、法律社会、科学技术，兼有才干，做到以专业为主与跨学科相统一。

第四，不断提高创新能力。创造是无穷期，创新就是要翻过一座又一座的高山。同学们要在创新上下功夫，深刻理解创新的科学性与实践性。明确主攻方向，夯实基础，潜心研究，增强自觉性、主动性、创造性，拓展创新的强度、深度和难度。学深悟透专业，学会以行业交织、领域交叉、知识交融牵引创新思维，做到博学与精专相统一。

青春之路，不寻常艰辛，但我相信，支持我们的必定是理想与毅力；历练我们的，必定是使命与担当；而滋养我们的，也必定是智慧与爱心。因热爱而努力，为责任而坚持，新一代的我们一直在出发，并为每一次出发积蓄能量。大浪淘沙，方显真金本色；暴雨过后，更见青松巍峨！初心不改，终遇星辰。

做自己的榜样

数学与信息学院　黄静瑜

“我很困惑，我怎么会变成现在这个样子?”中学时代的佼佼者，大学时期的落寞者，大家都不愿意相信这两个相差甚远的代名词常常落在同一位学生身上。步入大学，同学们拥有相对自由的成长环境，没有了任课老师的关注，没有父母在耳畔叮嘱，松懈的小心思悄悄爬上心头，稍不注意，就会被它掌控。

史蒂芬·乔布斯曾经说过这样一句话：“自由从何而来，从自信而来，而自信则是从自律来。”许多同学都特别关注的减肥大业，信誓旦旦为自己设定小目标：“我一定要每天运动锻炼减肥。”但等到了运动时间，又总是给了自己各种理由和借口，说服自己等明天再锻炼。“三天打鱼，两天晒网”的事情屡见不鲜，如果看到这里的你也有这样的困惑，下面有几点建议，不妨试试：

行动起来，拒绝做慵懒的傀儡。青年是整个社会力量中最积极、最有生气的力量，国家的希望在青年，民族的未来在青年。青年人要有青春的朝气和行动的魄力，当一堆学业、工作任务堆积成山让你无从下手时，你是选择自怨自艾，抱怨永远做不完的工作还是尝试着分门别类，分清轻重缓急，先完成最重要、最紧急的事情，一步一步解决困难。拒绝拖延，拒绝做慵懒的傀儡，首先要做好时间规划，将事务梳理分类，给自己定个小目标，如果在目标时间内没有完成，可以先尝试去解决其他的问题；其次要排除外界干扰，在宿舍学习的同学们较容易被舍友或他人影响，学校配有自习室、图书馆、24 小时书房等多种自习环境可供大家选择。如果你是一个容易受干扰的人，建议走出宿舍，找到最适合你的环境高效地完成学习、工作任务。俗话说：“行动力强弱决定成功快慢。”唯有行动才能换来成就。

行动起来，坚持做奋斗的青年。大学是多彩生活的聚集地，你可以选择加入社团，培养兴趣爱好；也可以选择参加专业竞赛，成为专业好手。就计算机大类学生而言，程序设计大赛、数学建模、网络空间安全大赛都是同学们锻炼的好平台。除此之外，还有师范生的教学技能大赛，多媒体课件设计大赛，等等。在众多赛事的选拔、训练、参赛过程中，既能够培养学生扎实的理论知识和实践经验，还能够提高学生的心理素质，增强学生的主观能动性。所谓的“黑马”从来都不是默默无闻的，他们同样付出了辛勤的汗水，只是他们能够迈出走上赛场的那一步，就已经用行动战胜了不自信。何以成就梦想？唯有不懈奋斗。行动起来，做奋斗者，做追梦人。

行动起来，努力做自己的榜样。许多同学都经历过这样的一个瞬间，中小学时代考试后常出现的话语：“你看看某班的×××同学，他这次考试就进步很大，你看看你呢？”“隔壁王叔叔家的女儿和你一个年级的，她这次考试考了第×名。”大家最不喜欢的人，我想一定是别人家的孩子。每个人都有自己的目标，或大或小，有的同学要争取保研资格，有的同学只希望能够顺利毕业。但不论是哪一种都需要去实践，口号不能停留在口头上，而要落到实处。教育部 2019 年 10 月发文《关于深化本科教育教学改革　全面提高人才培养质量的意见》，指出要提升高校学业挑战度，严把考试毕业出口，严格教育教学管理。毕业对于部分同学来说，也成了一个需要跨过道道沟壑才能实现的小目标。

同学们，行动起来吧，放纵如山倒，自律如抽丝。不要放纵自己，不要给自己找借口，脚踏实地走好现在的每一步，做自己的榜样。

挑战筑梦，科创报国

海外教育学院　黄林奇

2019 年 11 月 7 日至 13 日，由共青团中央、中国科协、教育部、中国社会科学院、全国学联和北京市人民政府共同主办的第十六届“挑战杯”全国大学生课外学术科技作品竞赛终审决赛在北京航空航天大学举行。福建师范大学学子奋勇争先，成绩优异，获得特等奖 1 项，二等奖 3 项，三等奖 2 项，首捧“优胜杯”，创“挑战杯”参赛以来历史最佳成绩，实现在“挑战杯”赛事中连续六届国赛夺金。

有幸作为高校代表队观摩团的一员前往北京，我一方面为我校参赛学子加油助威，另一方面也是去学习见识全国高校学子的科技创新风采，所获颇丰，感慨颇多。青年创新则国家创新，青年创新则未来创新，有如此多的青年学子致力于科技创新，实乃国家之幸，民族之幸。

第四次科技革命的浪潮在全世界已经涌动起来，我国的发展正由要素驱动型向创新驱动型迈进，我们面临着科技革命和产业变革实现重大突破的历史关口，值此重大阶段和关键时期，青年学子投身科技创新的意义在哪里？

一是通过科技创新，掌握核心竞争力。对于国家而言，未来世界舞台的竞争，将是科学技术的竞争。谁占据了科学技术的高地，就意味着占据着发展的主动权。过去的岁月里，我国的核心技术受制于人的情形一再出现，不掌握核心技术，我们的发展就会被卡脖子，不得不看别人脸色行事。真正的核心技术，是没有办法靠花钱、靠交换就可以获得的。只有走自主创新的道路，从青年科技创新开始，中国才能真正掌握未来的核心竞争力。

二是通过科技创新，保持学业竞争力。科技创新的基础在于扎实的理论知识和实践经验。对于青年学生学业进步而言，如果想在科技创新方面有所斩获，必定要在专业知识上先有一定的积累。科技创新和专业学习形成良性循环，可以帮助同学们在学业上保持强大的竞争力，在专业学习上走得更好、更远、更自信。

三是通过科技创新，增强职业竞争力。对于青年学子未来的职业生涯发展而言，学生时代投身科技创新也有重要意义。“挑战杯”竞赛已经连续举办了十六届，30 年来，“挑战杯”竞赛获奖者中走出了 2 位院士、6 位国家重点实验室负责人、20 多位教授和博士生导师。他们通过科技创新萌发了科研热情，培养了科研能力，积攒了科研经验，让他们在职业生涯一开始就站上了更高的起点。

那青年学子该如何走上科技创新道路、做好科技创新作品、实现科创报国的梦想呢？

第一，从“大”着眼，从“小”着手。青年学生投身科技创新道路，要开阔自己的视野，万万不能闭门造车，有一些你以为的“创新”说不定在学界、业界已经是基本常识，真把这样的“科技创新作品”拿出去就贻笑大方了。提高自己眼界的同时还不能好高骛远，青年学生专业知识和实践经验都有限，很容易陷入眼高手低的误区。并不是“高大上”才是科技创新，真正的科技创新很多恰恰都是为解决人类生产生活中的小细节而生的。从小处着手，解决现实问题才是青年学生科技创新走向成功的基本要求。

第二，从“近”处起，向远处走。“凿井者，起于三寸之坎，以就万仞之深。”青年学生投身科技创新道路，要先解决自己能力范围之内的创新问题，再以此为经验跳板向更高更难的问题发起挑战。科技创新是尊重客观规律和发挥主观能动性的结合，光有创新热情是不行的，必须尊重和充分调动现有的各种主客观条件，脚踏实地，久久为功，持续发力，向着远大目标一步一个脚印地坚定前行。

第三，将个人兴趣、专业方向与国家科技创新的需要相结合。青年大学生要表达爱国心、爱国情，那科创报国无疑是最亮眼的爱国行为。青年学生是创新思维最活跃、创新热情最高涨的群体。青年学子在科技创新的选择上，要始终坚持面向世界科技前沿、坚持面向国家重大需要，将个人兴趣、专业方向与国家需要相融合，解决国家在某一领域的关键问题，为加快建设创新型国家奉献自己的青春热情，奏响中华民族伟大复兴中科创报国的华美乐章。

追梦路上切忌好高骛远

教育学院　王惠涵

学期初下定决心背四六级单词，坚持了几天觉得毫无效果，直接放弃；打算减肥，跑了几天步，体重却纹丝不动，于是继续做快乐肥宅；期末提前一个月备考打算逆袭，结果越备越烦，最后近乎裸考只得求考神护体。这样的场景是不是历历在目，后悔不迭，却每每故伎重演。不少大学生就这样陷入了“好高骛远”的恶性循环难以脱身。

习近平总书记曾说：“实现中华民族伟大复兴的中国梦，需要一代又一代有志青年接续奋斗……广大青年要自觉践行社会主义核心价值观，不断养成高尚品格。要以国家富强、人民幸福为己任，胸怀理想、志存高远，投身中国特色社会主义伟大实践，并为之终生奋斗。”诚然，青年正如那早上八九点钟的太阳般朝气蓬勃，是实现“两个一百年”奋斗目标和伟大复兴“中国梦”的重要依托。但梦在远方，路在脚下。大学生不仅应“立大志”，更要“会做事”。

“会做事”应脚踏实地，亲身躬行，一步一个脚印。大学生常在心中描绘美好蓝图，却在行动时成了“矮子”。功利主义的价值取向使得部分大学生在做一件事情时，往往心浮气躁。他们还未沉心静气，埋头苦干，就想着收获。故而，短期间见不到效果，便觉焦躁不安，灰心丧气。不少大学生更是在毕业后“闪辞闪跳”，甚至成为“啃老族”。可见这种“眼高手低”的浮躁心态贻害之深。古语有云：“凿井者，起于三寸之坎，以就万仞之深”。要成就一番伟业，奋斗必不可少。新中国能从最初的一穷二白，到如今成为世界第二大经济体，少不了各行各业人民群众的艰苦奋斗。大学生应当惜时如金，孜孜不倦，打好基础，学好本领，克服浮躁，静心沉气，多读经典，多去实验室。唯有心静心定，方能在追梦路上努力奔跑，把伟大事业推向前进。

“会做事”应善于思考，合理规划，一级一个台阶。追梦路上应有大目标，也应有与个人生活息息相关的“中期目标”“短期目标”。大目标是理想而高远的，实践起来无从下手，令人觉得高不可攀。对于不少大学生而言，既迫切地想要投入干事创业的队伍中，又常对自己捉摸不定的未来缺失信心。想干大事，又不知从何做起。“合抱之木，生于毫末；九层之台，起于累土”，再伟大的事业也免不了前期积淀，久久为功。在当今这个急剧变化的时代，我们很难去预测某个产业的未来走向，从而树立长远的职业目标。但立足于眼前，做好当前的事情，将认真负责的态度一以贯之，这便会成为成功的起点。我们需要的是攀山越岭，路行万里，然后豁然开朗。而不是远眺山峰，原地踏步，以致踌躇难安。

李大钊曾说：“凡事都要脚踏实地去作，不驰于空想，不骛于虚声，而惟以求真的态度作踏实的工夫。以此态度求学，则真理可明，以此态度做事，则功业可就。”愿新的学期，大家皆从小事做起，先扫一屋，先练一字，先写一文，先行一事，而后日精月进，精益求精，成为更好的自己。

致青春：拥抱新时代，展现新作为

协和学院　黄佳娟

2018 年是不平凡的一年，它迎来了中国改革开放 40 周年，全面开启了十九大的新征程。朝气蓬勃的青年们，你们是多么幸运，能够在最美好的青春年华遇上新时代，在这个美好的光景下，请你们用力拥抱新时代，积极投身新时代中国特色社会主义道路建设的浪潮，奋勇争先，成为实现中华民族伟大复兴“中国梦”的主力军，成为新时代真理的捍卫者、知识的奉献者和时代的开拓者。

坚定理想信念，勇做马克思主义的捍卫者。习近平总书记在纪念马克思诞辰 200 周年大会上指出，马克思主义始终是我们党和国家的指导思想，是我们认识世界、把握规律、追求真理、改造世界的强大思想武器。心中有了信仰，脚下才有力量。当代青年作为社会主义建设的接班人，必须毫不动摇地坚定自己的政治立场，一“马”当先地学习马克思主义理论，牢固确立马克思主义信仰。只有用正确的理想信念为青年人保驾护航，你们才能在前进的道路上不会迷失方向。习近平总书记指出：“人生的扣子从一开始就要扣好。”在当今社会不同思想文化之间的碰撞中，有的青年在纷繁复杂的社会思潮中迷失了方向。因此，青年作为实现“中国梦”的主力军，要把马克思主义真理扎根在心中，“马”不停蹄地做马克思主义的捍卫者，做新时代青年马克思主义者。

勤学刻苦磨炼，勇做中华复兴的奉献者。面对竞争日益激烈、知识更新日趋迅猛的今天，青年唯有不断地学习和积累，才能不被时代大潮淹没，才能不断地提高自身水平，实现自我的价值。青春的底色永远离不开“奋斗”两个字，习近平在他的七年知青岁月里，除了完成繁重的体力劳动外，闲暇时间，从不忘记学习。因此，青年应积极主动地学习，把学习作为自己的首要任务。在新时代的背景下，用新知识武装自己的头脑。“纸上得来终觉浅，绝知此事要躬行”，这要求青年不仅要通过向书本学习，打下坚实的理论基础，充实自己的知识库，还要勇于投身实践，用实践检验真理，增长才干，在实践中发现自己的不足，尽情在新时代的舞台上舞出中华民族伟大复兴的美丽篇章，让青春绚丽多彩。

勇担责任使命，勇做新时代的开拓者。在新时代新征程的伟大实践中，青年人应该坚定不移地拥护中国共产党的领导，深入贯彻落实党的十九大精神内涵，强化“四个意识”，坚定“四个自信”，树立正确的世界观、人生观、价值观。出生在和平年代的青年人，应该要正确认识时代责任和历史使命，勇于担当、奋力拼搏。如今，繁荣富强的国家为你们搭建了施展才华、实现抱负的舞台，你们更应不遗余力地为国家的建设添砖加瓦，发扬甘于奉献、艰苦奋斗的精神，拥抱新时代，展现新作为，以此来致敬自己的青春，不负新时代赋予的责任，做勇往直前的奋进者。

忠于祖国，忠于人民；立鸿鹄志，做奋斗者；求真学问，练真本领；知行合一，做实干家，这是习近平总书记对青年人的寄语，国家的未来属于青年一代，你们肩负着民族的希望，要有雄鹰搏击长空的气魄，心怀大志才能远行，自觉用自己的实际行动将个人梦与中国梦相结合，脚踏实地，奋力谱写社会主义现代化新征程的壮丽篇章。新时代的青年，你们准备好了吗？

新时代，我们要做怎样的新青年？

教育学院　庄幼红

党的十九大做出了“中国特色社会主义进入新时代”的历史性判断。新时代的到来，意味着中华民族将从“站起来”“富起来”，向“强起来”飞跃。立足我国发展新的历史方位，习近平总书记向青年一代发出热切召唤：“中国梦是历史的、现实的，也是未来的；是我们这一代的，更是青年一代的。”新时代呼唤着新青年，生逢其时的青年学生被赋予新的时代使命和责任，那么，当中国发展迈进新时代，我们要做怎样的新青年，才能不辜负时代和国家的殷切期盼呢？

勇担当，体认时代使命

每一个时代的青年都走在社会变革的最前沿，他们是中华文明的传承者和传播者。当今中国正处于民族复兴的征程，青年要深刻体认时代使命。大型纪录电影《厉害了，我的国》全面而生动地展现了党的十八大以来国家取得的历史性成就，上映后反响热烈。观影后观众们纷纷点赞，表示深刻理解了这些成就的取得凝聚了一代代人“不忘初心，牢记使命”的奋斗力量。作为当代的青年大学生，更应该抓住历史的机遇，在新时代把握好青春年华，担当起改革发展的新使命，将“青春梦”融入“中国梦”中，以高度热情自觉投身国家建设。

沉下心，锻造时代能力

时代发展呼唤具有创新精神和前沿意识的青年，引领中国经济、文化和制度等各个层面的发展。面对新时代的机遇和挑战，青年学生应当积极响应新时代的号召，锻造新的能力。一要培养新时代思维能力。青年学生要深刻领会习近平新时代中国特色社会主义思想，深刻把握中国的历史新方位和时代新特点，让新思想成为自己成长奋斗的指明灯。同时，在习近平总书记“构建人类命运共同体”这一时代宣言的号召下，青年学生必须扎根中国，放眼世界，树立大胸怀、大眼界和大视野，在大时代中创造自身价值。二要培养创新创造能力。“惟创新者进，惟创新者强，惟创新者胜。”创新是时代前行的动力源泉。新时代的中国需要创新，特别是在互联网环境下成长起来的新青年，在这个大有可为的新时代，一定要激发锐意创新的勇气、敢为人先的锐气，掌握互联网思维和创新创业能力，勇做走在时代前列的奋进者和开拓者。三要培养终身学习能力。习近平总书记曾寄语青年：“青年人正处于学习的黄金时期，应该把学习作为首要任务，作为一种责任、一种精神追求、一种生活方式……”面对不断变化的国内外形势，青年学生要树立“终身学习”的理念，不断进行自我学习、自我更新和自我成长，努力掌握符合时代需求的过硬本领。

敢作为，接力时代奋斗

“佛系青年”风靡一时，不少青年学生沉迷于“不争不抢，无欲无求”的佛系人生。但是，历史的接力棒已经传递到青年一代手中，不容拒绝，不容佛系。回首中华民族泱泱千年历史，无不是一代又一代热血青年以救国救民为己任，以个人命运融入家国荣辱，用奋斗的青春换取而来。引发热议的“90 后副院长”刘明侦，履历堪称“传奇”，更称得上是奋斗者的代表，是青年人的楷模。看今朝，国家发展的脚步永不停息，青年接力势在必行。新时代的青年学生们，肩负历史之责，必须积蓄奋斗之力，中国的未来要依靠我们的奋斗激情和拼搏勇气。

每一个时代的青春都是最亮丽的，每一簇青春的浪花都是最绚丽的，“青年一代有理想、有本领、有担当，国家就有前途，民族就有希望”，新时代建功立业的青春集结号角已然吹响。愿吾辈青年都能体认时代责任，胸怀时代理想，锻造时代能力，接力时代奋斗，用最美的芳华为新时代中国注入青春的朝气和底色，为中国特色社会主义的新发展贡献青春力量！

不是每一种青春都可以称为“芳华”

文学院　张晓岚

前段时间，冯小刚执导的电影《芳华》热映。《芳华》根据严歌苓的同名小说改编，以20世纪七八十年代为背景，讲述了某省军区文工团里，正值芳华的青年们成长中的青春理想、爱情萌发与人生命运的故事。影片中浓厚的时代特色，文艺兵们的青春岁月唤起了父母一辈人的旧日情怀；主人公刘峰和何小萍的人生选择、坚守，日后的境遇和人生轨迹也激起了不少关于“善良”与“人性”的讨论。看过影片三次，感动之余，我也一直在思考——什么样的青春才能称为“芳华”?

盛放的生命，花样的青春

芳华亦作“芳花”，本义是香花，也可以指美好的、花一样的年华。影片中主人公们正是处在这样的年龄，与我们今天在校的大学生相仿。电影给我留下深刻印象的有两个画面：一是刘峰带着刚下火车的何小萍到部队报到，文工团正在排练，女兵们翩翩起舞，无论是角色的英气还是舞蹈的柔美都在举手投足之间流露出来；二是休息时间，男兵在操场上打篮球、女兵游泳嬉戏。欢歌笑语、青春洋溢，这是他们的第一重芳华。

这一重芳华，是我们每个人都经历过或者正在经历的。20岁，无论是生命节奏还是内心状态，都是最奋发昂扬的阶段。逐渐走入成年，第一次进入大学，生命迎来新的篇章。力量、速度和高度，一切都等待征服；文学、艺术和哲学，一切都等待探索。每一天都是崭新的，只要迈出一步，世界便敞开大门。年轻而向上的生命，本就是一种芳华。

真挚的感情，诗意的年华

影片中，刘峰的战友要结婚，因囊中羞涩买不起高档家具，他就亲手打一对皮沙发，以解战友的燃眉之急；陈灿因车祸而被医生诊断无法再吹号，萧穗子就拿出母亲给自己的金项链为他做牙托，让陈灿不要放弃理想、离开文工团。战友情是人生中最真挚纯粹的情感之一，如果再加上互相陪伴、共甘苦的青春，便更弥足珍贵。青春萌动的年纪，爱情也在朝夕相处中悄然萌发。萧穗子对陈灿的小心试探、欲言又止，诗意而美好。这个年纪的爱情像是待放的花朵，有着含苞的羞涩，又在旺盛的生命力中疯长。真挚而诗意的友情或是爱情，这是他们的第二重芳华。

我想，这一重芳华，也是大多数人可以收获的。大学四年朝夕相伴的室友，一起苦战题海的“研友”，兴趣相投、无话不谈的挚友，奋斗的路上，那些陪伴你的人们最可能成为一生的好友。当然，美好的“校园爱情”也是青春的重要标签和美好回忆。

融入时代的青春，对理想信念与人生价值的坚守

从《草原女民兵》中的高原舞到第一次穿上的紧身牛仔裤、第一次听到邓丽君的歌声，主人公们的青春和时代的每一步前进都密不可分。刘峰就是这样一个时代塑造的雷锋式典型人物，参与救灾时腰部受伤就践行螺丝钉精神去做舞美，把难得的进修机会让给更需要的战友，陪伴和鼓励被人欺负的何小萍。在整个社会学雷锋的背景下，大家都讲奉献，也就习惯了刘峰的善良和付出。可贵的是，刘峰把这种时代赋予的“善良”和“奉献”精神融入骨髓，这是时代和青年时期对他一生的影响。无独有偶，当何小萍发现身边的战友与自己的期待相违时，她毅然离开，到最艰苦的医疗队去救死扶伤。当医疗所遭到袭击时，她用自己的身体

保护伤员。这一幕的战火和血腥与当年文工团的载歌载舞形成强烈对比，但就何小萍而言，这才是对人生价值与奉献精神的坚守，她甘之如饴。当影片的镜头切换到多年后，和文工团那些定居国外或生活殷实的战友相比，他们在物质上实在算不上“幸福”，但平静而知足。我想，那正是青年时代赋予他们的宝贵财富：他们对人生价值有过最热切的追求，也遭受过最严酷的打击，正因如此，他们的精神世界才会宽广而富足。他们的青春灿烂过、痛苦过，虽有坎坷，却从未放弃对信念的坚持。这，才是青春芳华的永恒魅力和深刻意义之所在。

与《芳华》中的主人公们相比，这个时代赋予大学生的选择极其丰富。随着我国的发展进入快车道，越来越多的机遇纷至沓来。大学生的人生选择越来越多元化。一项调查显示，排在95后就业选择第一位的不是薪酬，也不是社会地位，而是个人价值的实现，这也正是这个繁荣发展的好时代投射在青年发展上的“时代步伐”。面对青春年华和人生价值，95后们亮出了自己的态度，有人选择到高精尖的科技一线工作，将“中国创造”载入世界史册；有人选择“三支一扶”项目服务基层，用知识和汗水造福一方；也有不少人选择创业，在挑战中燃烧青春。什么样的选择才能不负青春，什么样的选择才能实现人生价值，扣好人生的第一粒纽扣？习近平总书记给青年人指明了方向：“青年时代，选择吃苦也就选择了收获，选择奉献也就选择了高尚。青年时期多经历一点摔打、挫折、考验，有利于走好一生的路。青年一代有理想、有担当，国家就有前途，民族就有希望。”《芳华》中描述的年代与今日的发展已不可同日而语，但无论是年轻的刘峰、何小萍，还是当代大学生，在奋斗和奉献中燃烧的青春、在时代召唤下实现的人生价值是不变的，这正是理想吐芬芳，青春放光华。

做一个合格的“斜杠青年”！

传播学院　骆雪蕾

2018年6月，李开复说：“未来10年，50%的人将要失业。”他认为未来的10年，人类50%的工作都会被人工智能所取代。这不是危言耸听，在“互联网+”的时代，我们每时每刻无不感受到人工智能的不断渗透：出行有打车软件、吃饭有外卖软件、做卫生有扫地机器人，还有共享单车、共享汽车、无人车、无人机等给我们带来的方便。智能取代人工已是大势所趋。在此大背景下，“斜杠青年”一词横空出世，引起热议。

斜杠青年就是一群不再满足“专一职业”的生活方式，而选择拥有多重职业和身份的多元生活的人群。他们可能有份朝九晚五的工作，而在工作之余会利用才艺优势热衷于一些兼职。爱好的领域越广，拥有的技能越多，获得酬劳的方式就越多，由此成为斜杠。

例如，大家所熟知的明星蔡依林不仅是歌手，还有一份收入可观的美甲事业；陈赫不仅拍戏主持，还有自己的潮流品牌，设计潮服，甚至还开起了火锅店。

那些成为斜杠青年的人，都是在自己所擅长的领域里能够游刃有余、独当一面的人。然而现在有些青年盲目追求拥有多技能的多元化生活，在每个领域都浅尝辄止，啥东西都尝两口，觉得没滋味了就立刻换，这样的青年顶多算是样样通、样样松的“抓瞎青年”，离斜杠青年还有很远的路要走。那么怎么才能成为一个合格的斜杠青年呢？

不忘初心

不忘初心，就是全力以赴创造主业，精益求精打造主业。在人才高度流动、社会分工不断细化的新时代，竞争越来越激烈，你必须在一个领域做到极致，才有可能获得真正的话语权。学技能很重要，但是圈定核心更重要。“斜杠青年”不是一块遮羞布，不要让它成为你一事无成的借口。贪多嚼不烂，贪多干不好。盲目追求兼职，表面上看是在提升能力，其实都是肤浅地拿时间直接变现而已。当然，想要做到极致，不仅仅要具备某个专业和某个领域的知识，而且要具备解决某一类问题相关的所有核心能力。常言道“一专多能”，“专”永远优先。第二、第三领域开辟的前提，是建立在第一领域出类拔萃的基础上，有了立足之地和发展之本，才能保证有足够的人力、物力、精力和时间去拓宽视野、学习知识和练习技能，开发更加广阔的新天地。

多维发展

多维发展，就是突出主业发展，结合其他领域跨界。单个维度的成长是一条线，两个维度的成长是一个面，而三个维度的成长则是一个立体。想要成为真正的斜杠青年，就要在一个维度做到极致之后，努力打造多维度的竞争力，形成全方位立体的优势。一方面，发挥创造潜能，为社会创造更多的财富；另一方面，创业也需顺应潮流，寻找可持续发展的新领域。面对成功案例，有些年轻人却错误地认为斜杠青年就是“在不同职业之间自由切换”，靠的是运气和勇气，其实不然。每一位成功者，都必然经历一个艰辛的过程，在事业稳定有所成就后，才会开始“在不同职业之间理性切换”。所以，多维发展最大的意义在于以主业为基础进行延伸和拓展，从一到二，接二连三。一方面，可以用同一个能力叩开不同领域的大门；另一方面，通过多重职业的积累和多元领域的经历，拓展工作视角，提升综合能力，促进本职工作更好、更快发展。

坚持不懈

坚持不懈，就是要保持热情和足够投入，永不放弃和不断奋斗。斜杠青年的生活看似风生水起，但是没有人可以随随便便成功，每一份成功的背后都是巨大的付出。因此，斜杠青年不但需要有“激情”，更重要的是要具备“匠人精神”，对于所做的每一件事都要坚持不懈、不厌其烦，力争做到精益求精。尤其是在新技能仍不熟练的时候，更需要慢慢打磨和点滴累积。同时，每一道斜杠的增加都应该是兴趣导向，而不应该是金钱导向的，兴趣是成功的催化剂，它能促使精力充沛、灵感迸发、运气爆棚，就好像全世界都在帮你。失败是成功之母，兴趣是成功之路，可持续的奋斗离不开兴趣。成功是留给有耐心的人，奇迹属于持续投入的人。只要投入时间和精力，累积到一定程度，终有从量变到质变的那一天！请永远记住“操千曲而后晓声，观千剑而后识器”和“只要功夫深，铁棒磨成针”的人生启迪。

传承五四精神，写好战“疫”答卷，淬炼无悔青春

文学院　余成威

习近平总书记在纪念五四运动100周年大会上的讲话中指出：新时代中国青年要继续发扬五四精神，以实现中华民族伟大复兴为己任，不辜负党的期望、人民期待、民族重托，不辜负我们这个伟大时代。

面对新中国成立以来我国发生的传播速度最快、感染范围最广、防控难度最大的一次重大突发公共卫生事件，一大批90后、00后的年轻“战士”牢记习近平总书记嘱托，守初心、践使命，敢担当、做表率，誓言不退、迎难而上、冲锋在前，把五四精神写在防控新冠肺炎疫情一线。重症病房、寻常巷陌、社区楼宇、田间地头都可以看到青年大学生坚守的身影和挺立的脊梁。“新时代的中国青年是好样的，是堪当大任的”，青年一代以舍生忘死的行动践履青春承诺，用夜以继日的工作创造人间奇迹，凭“硬核”实力写好青春答卷，把“草木”本心融入民族复兴，让“五四”风骨绽放时代芳华，向祖国和人民交出合格答卷。

永葆赤子之心，把牢爱国定盘星

爱国，是人世间最深层、最持久的情感，是一个人立德之源、立功之本。青年大学生对祖国的一往情深，早已成为流淌于血液里的精神基因，早已成为扎根在脑海中的精神信仰。战“疫”时期，1.2万多名90后医护人员驰援武汉，584万青年志愿者参与疫情防控，4000多万青年大学生以文战“疫”、云端抗疫……义无反顾的最美逆行，长达数月的一线坚守，14亿人的众志成城，都是因为祖国一声召唤。“我年轻，我先

上!”“我年轻，我可以!”“我年轻，应该的!”每一句回答看似轻松却有千斤重，每一次坚守虽然疲惫却充满热血，承载着对祖国的拳拳赤子心，青年大学生把对祖国和人民的青春誓言，写在防护服，写在检测处，写在实验室，写进千家万户，写进大街小巷，写到疫情防控的每一个角落。爱，是双向度的。正是由于青年一代对祖国的赤子之心，才让青年一代更加坚定勇往直前的信心和决心。青年一代与祖国同进步、与人民共命运，才能在战“疫”时刻交出合格答卷，在复兴征途彰显青春风采。

“起来！不愿做奴隶的人们，把我们的血肉，筑成我们新的长城!”当听到《义勇军进行曲》奏响时，胸中热血便为之澎湃；当看到五星红旗迎风升起时，眼中热泪便为之夺眶。穿梭在五千年古老绵长的历史长河，我们能够发现爱国始终是中华民族生生不息的关键词。“利于国者爱之”“以国家之务为己任”“先天下之忧而忧，后天下之乐而乐”“苟利国家生死以，岂因祸福避趋之”……在战“疫”大考时，心口相授的丹青笔墨化为青年大学生的自觉行动，为打赢疫情防控阻击战贡献源源不断的青年力量。爱国，不是空话，不是口号，它既是人类情感的自然流露和历史文脉的迭代传承，又是人生奋斗的“定海神针”。面对纷繁复杂的社会现实和光怪陆离的众说纷纭，青年大学生把握住了“我以我血荐轩辕”的内核，就能够把握住“任尔东西南北风”的定力。

敢于志存高远，紧跟进步主心骨

“立志而圣则圣矣，立志而贤则贤矣。”树立远大志向是以美好青春实现人生价值的“先手棋”。来势汹汹的疫情，让全社会都在惊叹“90后、00后长大了”。他们似乎一夜之间撕下“干啥啥不行，吃饭第一名”“佛系青年”“丧文化”等众多标签，成了守护国与家的一代。但是，他们并不是在一夜之间长大。如果要给长大一个理由，那就是他们眼中滚烫的星河和手中传承的薪火，从未断过……90后、00后猝不及防地迎来了战“疫”考验，这一段非凡的经历必将为青年大学生留下难以磨灭的青春印记。

“人才自古要养成，放使干霄战风雨。”院子里练不出宝马良驹，温室里长不成参天大树，池塘经不住狂风暴雨。青年大学生要把参与疫情防控的实践作为人生成长的“教科书”，从中读懂“办好中国的事情，关键在党”。在面对突如其来的疫情，十几亿人口的大国，世界第二大经济体，水电不停，供暖不停，通信不停，供应不断，秩序不乱……这样高效的组织应对效率，只有在中国共产党领导下的社会主义中国才能做到。实践再一次证明，中国共产党的领导是战胜一切困难风险的主心骨，只有立志听党话、跟党走，才能找到青春奋斗的“正确打开方式”，离开了党的领导，青春岁月就会像无舵之舟漂泊不定、迷失方向。

不忘奋斗力行，守护民主传家宝

人民当家做主是社会主义民主政治的本质特征。守护民主，在一定程度上就是全心全意为人民服务。万众一心，携手抗疫，从城市到乡村，广大人民群众纷纷行动起来，凝聚起打赢战“疫”的磅礴伟力。只顾自身享受，不顾大局利益，损害人民利益，必将会被钉在历史的耻辱柱上。在防控疫情期间曾出现隐瞒病情并与人接触的恶性事件，他们的做法为人所不齿、更令人心寒，不仅要接受道德谴责，而且会受到法律惩处。

青年大学生要从这场疫情防控的人民战争之中，切实感悟人民群众是推动人类社会历史发展的最终决定性力量，是历史的创造者和书写者，是真正的英雄。“为生民立命”，坚守人民立场，把人民放心上，扎根中国大地，想人民之所想，急人民之所急，到基层和人民中去学本领、长见识、做贡献。要谨防成为“精致的利己主义者”，不要让心中的千军万马妥协于舒适安乐，不要让家中的锦衣玉食怠惰了青春年华，不要把身旁的负重前行错当作岁月静好，不要把前人的无私奉献误认为理所应当，而是要努力成长为社会主义建设者和接班人，心怀人民、服务人民、造福人民，做到“一枝一叶总关情”，以永远奋斗守护理想与激情，不辱时代使命，不负人民期望，这才是青年大学生应肩负起的使命担当。

牢记练强本领，锻造科学金刚钻

“青春须早为，岂能长少年。”青年时期是练强本领、夯实基础、增长才干的黄金期，需要把学习作为一种习惯、作为一种责任、作为一种使命，为今后运用理智去认识世界和改造世界打下坚实基础。当今时代，知识更新不断加快，社会分工日益细化，新技术、新模式、新业态层出不穷。这既为青年施展才华、竞展风采提供了广阔舞台，也对青年能力素质提出了新的更高的要求。要想跟上时代发展的步伐，就必须不断学习。学习好似“逆水行舟”，不学习就要退步，不学习就会被时代淘汰。

新冠肺炎疫情暴发以来，习近平总书记反复强调“科学防治”，科学攻关是我们战胜疫情的关键武器，科学理性是我们击碎谣言的最强大脑。青年大学生主要任务是学习知识，既要珍惜时间、孜孜以求，下一番苦功夫，又要把握关键、领会要旨，弄得清真学问，努力做到又博又专、愈博愈专。正如校训所言“知之愈明，则行之愈笃；行之愈笃，则知之愈明”。练就过硬本领，不仅要学有字之书，还必须学无字之书，到实践中去积累人生经验、丰富社会知识、检验学问理论，联系实际学、持续跟进学、融会贯通学，真正把真知灼见转化为指导实践、提升本领、推动发展的强大力量。

青年大学生必须深入学习贯彻习近平新时代中国特色社会主义思想，继续发扬“爱国、进步、民主、科学”的五四精神，以时不我待、只争朝夕的干劲，滴水穿石、久久为功的韧劲和转益多师、绣花施针的巧劲，越是艰险越向前，传承师范文脉，苦练专业本领，淬炼为民初心，勇担强国使命，在实现中华民族伟大复兴的新征程中接力奔跑，用心、用情、用功书写无愧于时代、无愧于人民、无愧于青春的精彩答卷！

对青春最好的致敬，是成为最好的自己

公共管理学院　赵　页

又到盛夏毕业季，2020届毕业生们即将远行。忆往昔青葱岁月，惜当下同窗友情……同学们用不同的方式向青春致敬，打开微博，“对青春最好的致敬，是成为最好的自己”成为近期的热搜话题。关于如何成为最好的自己，青年朋友们展开热烈讨论，作为一名毕业班辅导员，我也和大家分享几点建议和期许。

以学为基，愿你博闻强识，学以致用

学海无涯，学无止境。生长在这个时代是幸运的，人类积攒了几千年的知识、见识、智慧和艺术像是专门为青年准备的礼物，可以尽情享用，而这些礼物要转化为青年自身的“财富”，帮助青年成长为最好的自己，则必须经过学习积累的过程。学习是一辈子的事，“互联网＋”时代学习的方式多样。只要你们保持对知识的求知欲，对新鲜事物的好奇心，即便已不身处课堂，仍可以静心钻研摸索，丰富更新个人知识库，持续完善自身素质，提升综合能力。勤于学习的同时，更要善于思考，勇于实践。面对当前社会思想观念的多元多变，要注重保持独立思考，做好正确的价值判断，不随波逐流，不人云亦云。将学、思、感、悟与实践相结合，不断总结进步，真正做到融会贯通，学以致用，知行合一。

崇德修身，愿你信念坚定，德才兼备

人无德不立，国无德不兴。成为最好的自己，第一位的就是要崇德修身，打牢道德根基，自觉树立和践行社会主义核心价值观，形成昂扬向上的精神风貌。习近平总书记曾指出："一个人要明大德、守公德、严私德。"所谓"明大德"，就是要立意高远，立志报效祖国、服务人民，坚定理想信念，站稳人民立场，自觉做马克思主义的坚定信仰者、忠实践行者、有力传播者。"修好公德、私德"则要立足平实，从小事做起，学会劳动、学会勤俭、学会感恩、学会助人、学会谦让、学会宽容、学会自省、学会自律，做信念坚定、德才兼备、积极上进的新时代中国青年。

矢志奋斗，愿你砥砺前行，奋发有为

青春由磨砺而出彩，人生因奋斗而升华！努力成为最好的自己就是一个不断奋斗的过程。而奋斗不应只是一句响亮的口号、一个一时兴起的小目标，而是要认真做好每一件小事，细心完成每一项任务，尽心履行每一项职责。当然，奋斗的道路不会一帆风顺，光鲜的背后是荆棘、热血和汗水，毕业生们要敢于直面人生道路上的困难挑战，把艰苦环境作为磨炼自己的机遇，主动跳出"舒适圈"，从失败中总结经验，从挫折中不断奋起，坚持学思践悟，练就过硬本领，勇于创新创造，一步一个脚印往前走，真正成长为栋梁之材，用奋斗的青春向祖国告白。

担当奉献，愿你勇于作为，青春无悔

青春是一种担当。在这次疫情防控的战场上，一大批90后战士冲锋陷阵，他们是医护人员、是基层工作人员、是青年学生志愿者，他们学着父辈的样子冲锋在前，逆行而上，用实际行动书写着“使命在肩，舍我其谁”，他们是新时代青年的榜样。如今，祖国正走在“强起来”的道路上，拼搏奋战的接力棒即将交到你们手中，你们有幸处在中国特色社会主义新时代，更应有责于这个新时代、奉献于这个新时代。毕业生们，经过四年的学习历练，你们羽翼渐丰，正待翱翔，成为最好的自己，就要发挥青春力量，努力实现自我价值，勇于担当，甘于奉献，把人生理想融入国家和民族的事业中，把学到的本领奉献给祖国和人民，为实现中国梦贡献智慧和力量。

不忘初心，愿你远行天下，依旧少年

所谓青春，无关年龄，而是一种永怀梦想，永葆初心的人生态度。梦想是对未来的期望，是对最好的自己的具体设想，初心是最初的愿望，是离自己的本心最近的那颗心。只有坚持梦想，才能在面对困难时乘风破浪，行稳致远；只有不忘初心，才能在面对诱惑时坚守正道，防止溃堤。未来，无论你们身处顺境或逆境，都请永远坚持梦想，坚持初心，不要忘记自己为了什么而出发，永远保持内心的纯净，永远对生活抱以热情和希望。在历经千山万水，尝遍世间冷暖后，依然目光坚定，嘴角上扬。

青春是幸福的，因为它有未来，有前途。毕业生们，人生的下一段旅程即将开启，望君惜韶华争朝夕，努力成为最好的自己，不断超越，不断突破，以“最好的我”向青春致敬，以“最好的我”创造强大的中国！

从《夺冠》再谈“女排精神”

心理学院　王丽君

作为一名排球迷，在2020年的国庆期间，最不可错过的莫过于电影《夺冠》。这部令人期待已久的以中国女排为原型塑造的影片，燃起了国民的热血记忆，仿佛又回到了曾经那些激情燃烧的岁月，同时也激发人们在新时代将“女排精神”进一步弘扬传承。

祖国至上，是每位国人的使命

爱国主义是中华民族的民族心、民族魂，也是这支叱咤世界排坛队伍的强大精神动力。三十多年风雨兼程，虽然历经一代代球员的新老更替，但不变的是一颗颗炽热的爱国心，秉持祖国至上的信念，坚守为国争光的梦想，不忘初心，牢记使命，用专业素养提升球队实力，通过科学训练面对一次次的竞技挑战，以开放包容的态度博采众长，不断超越自我，追求卓越。也正是这片厚植于心的爱国情怀，激励着一代代球员自强不息、不懈奋斗，一次次地登上了最高领奖台，向世界展示体育大国、体育强国的风范。

作为当代青年，爱国不只是口号，更重要在落实行动，厚植家国情怀，勇担时代责任。爱国是本能，是面对外来势力的挑唆，依然能够勇唱国歌，底气十足地喊出“我是中国人”；更是使命，是面对疫情，临危不惧，毅然逆行而上，只为守护同胞们的健康。爱国既表现在面对是非问题时的立场态度，也流露于平凡生活中的每一瞬间。祖国至上，是把自己的理想同祖国的发展、民族的未来紧密联系，扎根社会，奉献国家。

团结协作，是凝聚智慧的力量

古往今来，无数史实教导人们，团结就是力量；团结是前进道路上战胜一切风险挑战的重要保证。团结协作能够汇聚智慧的力量，激发团队战斗力，为实现目标而众志成城，团结奋斗。正如《夺冠》里的一句台词：“中国女排没有你，也没有我，只有我们。”团结一心、同舟共济，是女排精神不变的底色。也正是这股团结协作的力量，激励着女排队员们顽强奋斗、勇攀高峰，一次次让世界其他强队刮目相看。

任何竞技的成功，都离不开团结协作，发挥集体的力量。个人的拼搏是为了助力团队的成功，集体智慧的体现汇聚着个人能力的发挥。在学习和生活中亦是如此。只有将个人的奋斗融入集体智慧之中，使得集体的力量与个人的努力在团结协作中高度统一，形成强大的合力，方能获得更大的成就。在抗击疫情的艰难时刻，全国上下、各行各业，团结协作，力争贡献自己的一份力量，争取早日度过危机；同时，我们也得到许多国家和地区的支援，助力我们共渡难关。在抗击疫情取得较大成效后，我国也积极回报国际社会，为许多国家和地区提供力所能及的帮助。这些行动也说明同舟共济、团结合作正成为国际社会的主流，丰富了当代国际关系的内涵，揭示了国际社会的前进方向。

顽强拼搏、永不放弃，是通往成功的途径

体育竞技的输赢是必然结果。不论面对强敌还是弱旅，可能取胜、抑或败北，“顽强拼搏、永不放弃”始终是女排精神不变的核心。正如几位球员坦言道：“女排精神不是赢得冠军，而是有时候明知道不会赢，也竭尽全力。”即使有时不被外界看好，这支团队也选择坚持到底，百折不挠，在低谷中蓄势反弹，在逆境中拼搏奋进。正如抗疫阵线上的每一位英雄，或伟大，或平凡，但都坚定信念，使命在肩，昼夜奋战，奋勇拼

搏，同时间赛跑，与病魔斗争，为守护家园健康保驾护航，为全球抗击疫情提供中国经验。作为新时代的青年学子，在面对形形色色的风险和考验时，也应不畏艰辛，敢打敢拼，在顽强拼搏中朝着梦想的方向前进，不负青春，不负使命，不负时代。

祖国至上、团结协作、顽强拼搏、永不言败是女排精神的缩影，也喊出了为中华崛起而拼搏的时代最强音。当代大学生既是“女排精神”的传承者，又要身体力行，为“女排精神”注入新的时代内涵。

青年大学生要“自找苦吃”

传播学院　陈丹丹

青年大学生为什么要“自找苦吃”?

享受安逸、满足现状不好吗?

我想，肯定有不少人存在这样的困惑。

当前，人民群众的物质生活有保障，精神生活不缺席，对美好生活的需要日益增加，青年大学生的学习、生活环境更是前所未有的优越，这时候我们提倡青年大学生要“自找苦吃”是否有必要、有价值?答案是肯定的。对广大青年大学生而言，越是环境优渥，越要有“自找苦吃”的主动意识和自觉行动。

首先，有苦吃是机会。古语有言:“天降大任于斯人也，必先苦其心志，劳其筋骨，饿其体肤，空乏其身，行拂乱其所为，所以动心忍性，曾益其所不能。”安逸的环境容易使人斗志消磨，艰苦的环境则有利于磨炼个人意志、提升个人能力。同时，我们也必须深刻认识到，为社会发展进步贡献青春力量的，不只是优中选优的“创造型人才”和“复合型人才”，更多的是源自那些扎根基层，肯吃苦、能吃苦、爱吃苦的广大基层奋斗者们，如驻村第一书记黄文秀等人。因此，青年大学生应珍惜每次“有苦吃”的机会，把握每次躬身实践、深耕基层、服务群众的机会，拒绝做“温室里的花朵”，到党和人民最需要的地方去。

其次，找苦吃是磨砺。“不经一番寒彻骨，怎得梅花扑鼻香。”金子是越磨越亮的，越是艰难困苦的环境，越能磨炼人的意志、考验人的品格、突显人的能力。在我们身边，就有这样一群“自找苦吃”的年轻人。他们是福建师范大学研究生支教团的成员们。自 2002 年起，我校先后已有上百名研究生志愿者到甘肃省漳县、古浪县等服务地参与支教工作。翻山越岭，为爱而行。在社会飞速发展的今天，一群风华正茂的年轻人，自找苦吃，选择到相对落后和艰苦的西部，沉下心来，克服困难，用一年的时间从事一项伟大的事业，践行自己的初心和使命。马克思说，“历史把那些为共同目标工作。因而自己变得高尚的人称为最伟大的人物，经验赞美那些为大多数人带来幸福的人是最幸福的人”。由此，“伟大”“幸福”与“自找苦吃”，并非既定认知里的互不关联，而是向广大青年大学生揭示了这样一个真理：青春因磨砺而出彩，人生因奋斗而升华！

最后，能吃苦是本领。“吃得苦中苦，方为人上人。”广大青年大学生不仅要积极树立“自找苦吃”的意识，更要在社会生活实践中落实“自找苦吃”的行动。这就要求：其一，广大青年大学生在学习中要有“学海无涯苦作舟”的钻研精神。要甘于坐“冷板凳”，不怕碰壁，不惧失败，致力于培育优良的学风，共同营造良好的学习氛围。其二，广大青年大学生在工作中要有“千磨万击还坚劲”的奋斗精神。尤其在妥善处理学生工作方面，要勇于担当，坚持多学多干，坚持真抓实干，充分发扬学生干部的奉献精神。其三，广大青年大学生在生活中要有“梅花香自苦寒来”的吃苦精神，无论遇到什么问题，都不因环境艰苦而退缩，不因条件恶化而动摇，要学会在苦中作乐，练就“能吃苦”的硬本领。

在《习近平与大学生朋友们》系列专题报道中，习近平总书记提倡年轻人要“自找苦吃”，“不能有只追求自己生活快乐的思想。大学生也一定要丢掉这种思想，扑下身子为老百姓工作”。无论在什么时候，吃苦耐劳的精神都是永不过时的。

青年大学生像“八九点钟的太阳”，富有朝气，富有创造力，富有梦想和行动力，在进行伟大斗争、建设伟大工程、推进伟大事业、实现伟大梦想的征程中，广大青年大学生要学会“自找苦吃”，要习惯“自找苦吃”，要乐于“自找苦吃”，越是艰难处越向前，让青春在党和人民最需要的地方绽放绚丽之花！

最是初心能逐梦远行

物理与能源学院　李叶晨

“你心中的大学生活是怎样的?”，是高中师长口中的“自由之地”，还是父母眼中的“刻苦拼搏”，抑或是记忆中的“满富色彩”。可能对于不同人有不一样的答案，但大部分同学其实都未能给出正确回答，甚至四年间都未曾有过答案。你的答案正确与否，关键在于是否先思考了“你大学的初心是什么”。当你步入校园，穿行课堂，游历书卷时，自由、放纵、享乐、诱惑、迷茫等都将如同“致命病毒”般开始攻击着你的梦想，阻碍着你的前行，扰乱着你的初心。要想在各类“病毒”前筑起最行之有效、最坚不可摧、最持久的“健康防线”，尤其需要做到知初心、守初心、践初心，而这份初心正是你上大学的初心。

“来路不忘祖，奋斗知方向。”倘若不知你上大学的初心，就如同失去应对风高浪急“压舱石”，越走越险。或许许多同学在走出高考考场、迎来录取通知书、踏上求学之路时心中是怀揣着属于自己的那份信誓旦旦的，但却在大学的旅途中渐渐忘记初心，忘记原本前行的路。忘记来路，就很容易失去方向，失去色彩，失去未来。因此，无论你的大学之船是行至中流，还是正准备鸣笛起航，都应先好好思考你上大学的初心，让最初的笃定伴你乘风破浪，逐梦远行。

知初心，找准奋斗目标。大学时的满满收获，毕业后的前程似锦不是靠喊出来、玩出来、等出来的，而是需要奋斗、需要耕耘、需要拼搏。然而，要想正确做好这“三个需要”，首先必须要清楚知道你未来想成就的方向，清楚认识你想做的事，清楚了解你的追求，并以此为最初的目标，笃定前行。你的目标正是你的初心，将这份初心转化成切合实际，符合自身的志向，在时间上做好管理，在生活上做好自律，在学习上做好规划。当然，有了最终的大目标，也要有小目标，小目标是对大目标的分解，是每学年、每个月、每一天需要解决的问题与完成的事项，最后逐个实现这些小目标，一步一步朝着你的大目标迈进。

守初心，固守前行方向。“初心易得，始终难守。”找准了目标，要想坚定不移地实现它，关键在于要固守初心，守得住初心才能更好地排万难，攀高峰。守初心，就是守住前行的方向，就是需要在各种诱惑前敢于说不，在各种阻碍前迎难而上，在各种是非前坚定立场。来到大学校园，要时刻提醒自己你上大学的初心是什么。如果你无法做到自我警醒，容易迷茫，不妨大胆将你的目标，将你前行的方向写出来，写在手机屏幕，写在电脑桌面，也可以写在备忘录。总之，将它写在你最常看到的地方，以此来时刻提醒自己原本奋斗的姿态是否还在，原本前行的方向是否偏移。

践初心，实干成就未来。知道了目标，懂得了守好目标，更重要的还是要动起来，将目标落实到行动中。每天在睡前或起床时都应先要计划好明天或今天我要做什么，我应做什么，并做到每个计划都能被打上勾，而不是只在纸上计划不行动的简单的“纸张形式”。同时，要做好反思，除了要思考计划的进度条是否已满，更要反思计划是否存在不足，存在不切实际，要“量体裁衣”不断完善，使其成为最适合你的计划。此外，要让实干成为一种习惯，就像你早已习惯了一日三餐，也要让实干成为每日必食，使之融入日常，化入生活。

青春韶华，逐梦远行，鼓舞我们的是初心；守护我们的是初心；指引我们的是初心，唯有“知初心，守初心，践初心”，带着这份大学初心砥砺前行，方能走得更快、攀得更高、驶得更远。

立足“学习强国”　激发学习力量

协和学院　黄朝享

习近平总书记在全国第五批干部学习培训教材序言中强调：“我们党依靠学习创造了历史，更要依靠学习走向未来。”习近平总书记为推进马克思主义学习型政党、学习大国建设提出明确的要求。提高高校师生党员学习的主动性、积极性，始终保持党员先进性也是高校党建的重要任务之一。“学习强国”整合了理论、新闻时事、经济文化、党史、纪实等诸多学习内容，切合了新媒体环境下师生党员的学习习惯，体现出鲜明的时代特色，是建设学习强国、推动学习政党建设的创新探索。自推出以来，已然成为高校师生党员学习的新方式。

善于学习，就是善于进步

“修养品行从学习开始，学习以读书为根本。”习近平总书记多次强调，我们党员干部要重视学习、勤于学习、善于学习。但在现实中有的党员态度不端正，对学习重视不够，并未能主动利用平台进行学习。高校师生党员在学习强国上学习领悟了国家的相关政策，在慕课中学习自己感兴趣的内容，我认为，这就是学习，就是进步。习近平总书记在青年时期下乡插队期间，曾为了借一本《浮士德》，走了 30 里路。李克强总理常年坚持阅读英文原著，他曾说：“如果不读书，就难以有思想火花闪烁，也难以了解人类文明进程。”读书对于李克强总理来说，更多的是对于中国转型与改革的思考……见贤思齐焉，对于我们师生党员来说，又有什么理由和借口去逃避或是敷衍学习。善于学习才能继承我们党的优良传统和鲜明特色。

把握方向，学而时习之，不亦乐乎

“路漫漫其修远兮，吾将上下而求索。”党员干部要主动加强学习、理论联系实际，不自满假，勤学不辍。这样才能克服知识不足、本领不足、能力不足，始终保持党员的先进性。因此，在对待“学习强国”时，师生党员应当做到“心到、口到、眼到”，谨防带着消极的主观认知去勉强学习。首先，要了解“学习强国”这一平台的设立初衷，其内容架构，做到心知肚明。其次，是合理地利用业余的时间，找一找自己感兴趣的新闻、理论、视频等，学生党员亦可在慕课中学习自己感兴趣的课程，充分利用学习强国整合资源的优势，丰富自己的知识体系。“业精于勤荒于嬉，行成于思毁于随”，要勤于思考，将自己所学到的先进的理论知识、经验做法等运用到自己的工作、学习实践中去，融入日常生活中，自觉做习近平新时代中国特色社会主义思想的忠诚信奉者和坚定实践者。

持之以恒，积跬步以至千里

“为学正如撑上水船，一篙不可放缓。”习近平总书记对党员干部多次提出要求，党员干部要做到“我要学”、“学一生”、好学乐学地学习党的创新理论。“工作太忙”绝不是放松学习的理由，一些无谓的应付、形式主义的东西更要坚决反对。“学如逆水行舟不进则退”，学习就要戒骄戒躁，贵在贯彻始终，重在学懂弄通。管理学大师彼得·德鲁克，从弱冠到耄耋，70 多年的时间里他咨询、教书、写作，90 多岁仍然出版作品。终身学习已成为新时代的必然趋势，作为党员，只有持续学习，才能保持党员的先进性，只有持续学习，才能积跬步以至千里。只有全体党员干部积极带头学习，才能推动整个社会学习风气的好转，促进学习型社会的建设。

面对人生的难，你渴望力量吗？

海外教育学院　涂怡弘

“连上了八节课，我太难了。”

“想谈恋爱又没办法扩大社交圈，我真是左右为难。”

……

每一代人都有每一代人的责任，所以每一代人也都有每一代人的压力。但如果你因为一点点的挫折和困难就从此变成“废柴”，甚至想当然地以为身边的同学都从此沦为“咸鱼”，那么你就真的大错特错了。因为还有很多同学嘴上说着难，但暗地里却发誓要征服这个难，拼命到半夜，成为令人艳羡的学霸。如何从颓废的情绪中解脱，成为元气满满的人呢？希望借用三句歌词给大家带来力量。

敢于树立理想和目标，因为“最美的愿望一定最疯狂”。“志不立，天下无可成之事。”人生是一本书，厚度是由本人决定的，精彩程度可以自己创造。当我们对“互联网＋”“挑战杯”大赛金奖得主投去惊叹的眼光时，殊不知他们早早就定下目标，团队成员拧成一股绳为自己的梦想而奋斗。“得其大者可以兼其小”，为梦想熬的夜不会黑，为梦想流的泪不会苦。青年要把目光放得长远，不拘泥于眼前的得失，不满足于一时的舒适，要有为梦想敢于作为的鸿鹄之志，因为梦想是支撑我们激发潜能的最强动力。

勇于直面困难和挑战，才能“嬉皮笑脸面对人生的难”。每一位从高中走来的同学，都曾背过苏东坡先生的诗句，“谁怕，一蓑烟雨任平生”。这是面对人生暴风雨时的乐观精神，是在经历磨难后仍要勇往直前的执着。苦难对于天才是一块垫脚石，对于能干的人是一笔财富，对于弱者是万丈深渊。成功从来都不是唾手可得的，面对各种无法逆转的困难，我们唯有用自己强大的小宇宙，用筚路蓝缕、手胼足胝的奋斗精神去笑着迎头回击，因为今天战胜的困难，下次就不会成为掣肘人生的障碍。

衷于谦退自守和沉淀，所以“你就算失收也始终要守”。《庄子》有云：“其作始也简，其将毕也必巨。”但凡有远大前程的事物在初创之时都只是沧海一粟，而在它完成使命时必然会有巨焰和轰响。中国共产党近百年的光辉历程，就让我们见证了奇迹：由弱小到强大，现已发展为领导中国革命和建设的执政党。这其中，经过了无数的挫折和苦难，但是每一代共产党人都在坚持，不断积累、不断进步，最终取得举世瞩目的成就。“念念不忘，必有回响，不忘初心，方得始终”，厚积才能薄发。青年要学竹子“千磨万击还坚劲，任尔东西南北风”的坚韧挺拔，在磨炼中积蓄力量，成长为千锤百炼的“硬骨头”。

困难是一座一座山，翻过了就发现没有什么大不了；大学是一段一段路，用心走了就不会后悔。回望之下，才发现这里风景独好。

理想生活，别光想！

法学院　赖丽慧

流行语“光想青年”一度爆火，相关话题登上微博热搜榜，刷屏网络。“光想青年”是很多青年的生活写照，扎穿了上万网友的心！

“光想青年”顾名思义就是依赖于意念完成生活中的种种目标，在现实中却吝啬付出实际行动的青年。他们拥有着丰富的想法，心里幻想过一千遍自己实现这些想法会如何，可在现实里却是“咸鱼躺”，成为名副其实的空想家。

“光想青年”的业务种类繁多，早已涉及早睡、恋爱、减肥、学习等方方面面。他们光想着要早睡早起却总是选择报复性熬夜；光想找对象却总是懒得花心思交朋友；光想减肥却总是管不住嘴迈不开腿；光想学点技能却总是光说不练。他们光想要改变现状，却总会因为拖延、懒惰、没勇气等借口，让理想生活光停留在想上。才华配不上梦想，行动赶不上承诺，只留下虚无缥缈的豪言壮语，间歇性的踌躇满志。

再好的计划，如果不执行，意义等于零。梦想是用来实现的，作为当代青年的我们必须拒绝做“光想青年”，不做“语言的巨人，行动的侏儒”，而要以踏踏实实的行动，在激情奋斗中绽放青春光芒，实现从“积极废人”向“实干新人”的转变，从“光想青年”向“追梦青年”的转变。

一是仰望星空，用理想指引方向。苏格拉底曾言：“世界上最快乐的事，莫过于为理想而奋斗。”理想是人生航向的“定星盘”，是不断奋勇迈进的“助推器”。当代青年要敢于筑梦，为自己的人生画好蓝图。人生蓝图并非是无根基的空中楼阁、虚幻泡影的海市蜃楼，而是未来可期的合理人生规划，是能够用行动托起的梦想，是能够用实干铸造的辉煌。

二是脚踏实地，用双脚丈量土地。李大钊说过，“凡事都要脚踏实地去做，不驰于空想，不骛于虚声”。蓝图不可能一蹴而就，梦想不可能一夜成真。人类的美好理想，都不可能唾手可得，都离不开筚路蓝缕、手胼足胝的艰苦奋斗。心中有阳光，脚下有力量。当代青年既要仰望星空敢于筑梦，还要勇于追梦，脚踏实地砥砺奋进，积极融入社会生活，善读无字之书，苦练有用之功，在实践中增长才干、练就本领，用实际行动让梦想照进现实。

三是拒绝失控，用自律掌控人生。英国作家阿诺德·本涅特说：“每天醒来，我们的钱包里就都神奇地装上了 24 小时，怎么去使用它，决定了你和别人的差距。”想要提高办事效率，就要摆脱拖延症，不要向明天赊账；想要养成良好作息，就要拒绝无意义的熬夜；想要拥有健康体魄，就要持之以恒，坚持运动……自律是人生最尊贵的标配，要跳出舒适区，把自律变成生活的常态。

卷起袖子，行动起来。青春奋斗正当时，只有进行了激情奋斗的青春，只有进行了顽强拼搏的青春，才会留下充实、温暖、持久、无悔的青春回忆，才能收获理想生活！

不是只有你喜欢的事，才能够装点人生

经济学院　张　翼

我们常常能够把自己喜欢的事做得很专注，却不容易把自己不喜欢的事做得很投入。然而，人生好像是一条熙来攘往的双行车道，会有你喜欢的事引领着你往前，就会有你不够喜欢的事迎面朝你挥手。可能你不喜欢密密麻麻的英文词组、不喜欢深奥难解的高数公式、不喜欢与作息不同的舍友相处、不喜欢与性格不合的同学为伍、不喜欢无趣、不喜欢独处、不喜欢夜跑、不喜欢晨读……

有那么多的不喜欢堆积成山，挡住了你前行的路，你会选择调头走掉，还是更愿意登高一呼？事实上，这个世界本没有尽善尽美，很多时候，你唯有做好那些还不够喜欢的事，才有机会去选择真正喜欢的人生。

学会多元一点，开拓自己喜欢的事

当我们在谈论喜好的时候，我们是否真的确定某一件事、某一个人、某一样东西，是我们喜欢或者不喜欢的？其实，擅长与喜欢是两回事，因为擅长某件事而喜欢上那件事，我们喜欢上的可能是只为人称道的感觉，而并非这件事情本身。同样的，有一些事你还并不热衷，或许不是你不够喜欢，而只是你并不擅长。希望我们都可以尽力挖掘与开拓更多自己喜欢的领域，不要用擅长与否来衡量自己的喜好，很多事只有尝试了才知道喜不喜欢，而那些你一开始不够喜欢的事，或许能够随着不断地深入了解而慢慢变得生动有趣。

很少有人喜欢每天挥汗如雨，但等你真正去做了，就会发现运动带给你的能量；很少有人喜欢每天读书写作，但等你真正去做了，就会发现知识带给你的力量；很少有人喜欢每天提炼总结，但是你真正去做了，就会发现思考带给你的收获。其实啊，喜欢和不喜欢是可以相互转化的，如果在还没有尝试的时候就开始否定，这是生命体验里的一种巨大缺失，而未来很长，很多事还没有定论，很多路还没有走完，我们要尝试着学会多元一点，不要在还没有看到结果的时候就着急着给自己答案。

学会勇敢一点，挑战自己不喜欢的事

我们通过喜欢的事来认识自己，通过不喜欢的事来认识世界，但如果我们只专注于自己喜欢的事而对所有不喜欢的一切都置若罔闻，惧怕什么就逃避什么，不喜欢什么就躲开什么，那我们很容易画地为牢，在自己的舒适圈与安全区里故步自封。反复去做一件喜欢的事情，的确会带来舒适感与安全感，但它无法提供未知的新鲜感、进步的满足感和成长的获得感。唯有不断地打破未知、挑战自己不喜欢的事，才能汲取到不同于以往的、真正有价值的养分。请记住，对那些你不喜欢但是有必要且有意义的事，正因为不擅长才需要去努力，正因为做不到才需要去尝试，正因为受不了才需要去克服。

在这个由“喜欢”与“不喜欢”组成的世界里，别害怕、别逃避、别慌张，向自己不喜欢的事提出挑战，并相信自己有能力打败它们，到了最后，这个世界或许也能够回馈给你新的成就和惊喜，你或许也能够遇到另一个更好的自己。

学会用心一点，做好自己不喜欢的事

我们看到了他人的学识渊博，但没看到在我们睡得最香的时候，他们的悬梁刺股与夙兴夜寐；我们看到了他人的能力卓绝，但没看到在我们觥筹交错的时候，他们的废寝忘食与手不释卷；我们看到了他人的出口成章，但没看到在我们意兴阑珊的时候，他们的持之以恒与孜孜不倦。

其实这就是了，用心做好喜欢的事，你会乐在其中，但用心做好不喜欢的事，你能突破自我。所有的沉淀与积累都很枯燥，所有向上与攀登都很艰辛。没有人渴望置身于困难与坎坷之中，但就是因为多坚持了一下，那些曾经以为“打死也做不到”的事情，可以从“难以企及”变成“信手拈来”，也就是因为多用心了一点，那些你不喜欢的事悉数内化成了你的能力和才华，在你羽翼丰满的时候，能够让你更靠近自己想要的未来。

没有人热衷穿越荆棘森林，没有人渴望翻越剑树刀山。我们之所以要为一些不够喜欢的事而努力，不是为了把那些不喜欢变成喜欢，而是为了把很多不出彩变得出彩。我知道，那些我们喜欢的事往往璀璨动人，交相辉映着我们想要的未来。但其实，并不是只有我们喜欢的事才能够装点人生。那些你不喜欢的事，它们都是沉寂在黑暗深处，会发光会发热的星。它们都在等待着被你点亮的那一刻，冉冉腾起，翻覆成一条浮光流转的星河。

是真自律还是伪自律?

数学与信息学院　陈欣颖

不知从何时起，朋友圈里开始流行起各种打卡行为，当看到你的朋友晒单词打卡、减肥打卡的时候，你是否也有过一丝崇拜或羡慕？似乎别人的生活都是自律而又充实的样子，而自己却正刷着一份寂寞。

是什么促使了朋友圈这么多人热衷于打卡呢？有的人说是希望通过这样的方式来约束自己，以养成某种良好的习惯，然而也有一大批人想借打卡的内容来表现自己精致的生活品味，塑造美好的人设。许多商业产品为此抓住了营销良机，利用大家的打卡心理纷纷推出所谓的“打卡多少天返现多少”之类的活动，从而让更多的人对在朋友圈打卡愈发乐此不疲。可是在朋友圈 5G 冲浪的你，思考过关于真自律与伪自律的问题吗？

北宋著名的政治家晏殊年仅 14 岁就被引荐于朝廷。不同于其他同辈的心高气傲、荒淫无度，他在朝廷每日办过公事后便在家闭门学习，后被皇帝一路提拔至宰相。一代篮球巨星科比的名言“你见过凌晨四点的洛杉矶吗?”，每天凌晨四点准时出现在训练场上的他，在运动场上绝不认输的顽强拼搏的精神为无数年轻人所崇拜。共和国勋章获得者钟南山院士精神矍铄的状态背后是老人家几十年如一日的身体锻炼。从古至今有很多这样的例子诠释着成功终究离不开自律的道理。习近平总书记在党的十九大报告中曾说，“青年兴，则国家兴，青年强，则国家强”，想做一个有理想、有担当、有作为的青年人，同样一定要懂得“什么是自律”“为什么自律”“怎样去自律”。

对于青年大学生来说，高质量度过大学生活的秘籍就在于自律，具体包括思想自律、学习自律以及生活自律这三方面。论真伪自律，真自律应该就是从督促自己的态度出发，积极主动、踏实真切地关注自己所思所学、所想所做，及时调整不足，朝着完美的方向不断努力；伪自律则是盲目地追求仪式感、成就感而忽略了学习的过程与本质。

在《少有人走的路》一书中，针对自律的养成有进一步提出过四个良方，即推迟满足感、承担责任、尊重事实、保持平衡。首先，从思想上要推迟满足感。容易的问题自然让人感受安逸与快乐，却会使人止步不前；但如果我们转化个思维，调换一下解决难易问题的顺序，或许中间会面临一些痛苦，但最终反而能推动我们的进步与成长。就背单词这件事来说，许多人总是在立目标前，纠结于自己是“明天开始背还是从明年开始背”，总认为自己好像抓住了开始自律的时间点，事实上这本是个很容易、也无须解决的问题，真正让大家纠结的存在于我们的潜意识里，是在其后的一个问题，即“一天是背 10 个还是 30 个呢?”。大多数人总习惯性地花时间去纠结第一个问题，而没意识到这无形中消耗了我们要解决第二个问题的时间。因此，要把伪自律变成真自律，选择自律才是要大胆迈出的关键第一步。与其纠结于何时开始，不如哪怕给自己每天设定只背一个单词还来得高效，虽然这种自律看起来不那么让人称赞，产出也看似不那么快，但最起码你已经行动起来，而不是停留在思想上的伪自律，并且你的自律可以朝着正态的方向发展。

其次，从学习上要承担责任、尊重事实。作为一名青年大学生，勤奋学习、勇于奋斗是新时代赋予我们的要求，为新时代贡献力量的职责必须扛在肩上。在日常的学习上，要设立合理的目标与行动计划。做好自己的目标规划，从大到小，分解目标，将大目标逐步分解成一个个的小目标，通过实现小目标进而实现大目标。同时，目标是为行动服务的，不能一成不变，要根据自己的实际情况灵活机动地调整自己的学习计划，做到不盲目、不死板。例如，列出月计划是件很好的事情，甚至是可以将月计划细化到周和日，在每周周末、每月月底经常性回顾调整目标，这样在我们学习的过程中才有充实感、仪式感，而不是在别人的安排下按部就班，表面好似自我满足，但实则促成惰性。

最后，从生活上要保持平衡。这里所指的平衡主要指从生活的心态上要懂得调整自己，过于严苛的自律会造成心理压力。例如有的人自律才坚持了几天就由于某种客观原因而中断，从而产生对自己满腹抱怨的负面情绪，觉得自己还是坚持不下去，这样的想法是错误的。其实偶尔一两天的缺漏，只要想着在第二天或是第三天再补回来就好，自律的路上只有自己做伴，坚持的前提是信赖自己。为缓解自己的压力，可以给自己建立一个激励机制，每个计划的完成都给予自己奖励；或者可以让自己勇敢地跳出现有的舒适圈，加入一些优秀上进的生活圈，认识更多良师益友，与他人一起培养自律的习惯。

吃不了自律的苦，就要受平庸的罪，而能够将自律的苦甘之若饴的人，过得都不会太差。每个人都能通过自己的努力成为那个被众人羡慕、称赞的“真自律”青年！从现在开始，就开始自律吧！

在大学，你需要做一名“低头族”

生命科学学院　连萍丽

你眼中的“低头族”是不是那些在各个场合只顾低头刷抖音、看微博、玩游戏，全然被数字终端所绑架的人？诚然，这些“低头族”是该抬起头来看看，但对青年大学生，我更倡导做这样的“低头族”——乐于低头求知、善于低头耕耘、敢于低头自省的人。

乐于低头求知，就会多一分选择的空间。带着“大学是用来玩的”的向往匆匆忙忙过完大一，抱着“青春是用来挥霍的”信念浑浑噩噩度过大二，想着“毕业还遥遥无期”的念头毫无追求过完大三，抱着“大学一无所获”的悔恨离开学校。这样少了“低头求知”的大学生活仿佛上了个假的大学，待升学、就业的压力扑面而来时，“少壮不努力，老大徒伤悲”的焦虑、紧张悄然而至，高不成、低不就的就业两难选择，教人恨不得时光倒流，重回大一，低头在专业课程里求知，低头在学生工作中求知，低头在实践活动中求知。青年正应如习近平总书记说的：“广大青年抓学习，既要惜时如金、孜孜不倦，下一番心无旁骛、静谧自怡的功夫，又要突出主干、择其精要，努力做到又博又专、愈博愈专。”

善于低头耕耘，就会多一分成功的可能。要抬头仰望星空，也要低头脚踏实地耕耘。此次抗疫，我们既要致敬共和国脊梁——国家勋章获得者、国家荣誉称号获得者等这些英雄们，又要致敬每一位坚守岗位默默奉献的平凡人，他们可能是一线医务工作者、基层工作者、疫苗研究科研人员，还有一位位最美逆行志愿者。正是在不同岗位上的一份份耕耘，才汇集了全国之力打赢这场疫情阻击战，让2020年中秋、国庆双节之时，国与家撞了个满怀，数亿人全家团圆，举国同庆共和国生日快乐。

青年学生们要传承这些抗疫精神，在平日里能够低头耕耘、潜心积累，在关键时能够低头耕耘、攻坚克难，在危难时能够低头耕耘、敢于人先。

敢于低头自省，就会多一分前行的方向。在砥砺前进的过程中总有许多荆棘阻挡，青年人正处于拔节孕穗期，最需要精心栽培和引导，但更需要自我打磨，低头自我反省。青年人要对照老一辈先烈的顽强拼搏、对照时代楷模的先进事迹、对照身边榜样的点滴奉献低头自我反省，在历史与现实的交响中、在过去和未来的坐标中、在横向与纵向的融合中，多角度、全方位、全过程低头自省。有些人恰恰相反，常常责人以严，待己以宽，随着网络新媒体日益普及，人人都是自媒体，总有一些键盘侠、网络喷子一言不合就开喷，站在道德的制高点上，仗着网络发言无实名，随心所欲发表不负责任的言论，扰乱网络秩序，破坏网络文明。青年人，还是要摒弃骄傲自大，敢于低头自我反省，在青春岁月博观约取，才能在人生旅程厚积薄发。

这样的一名“低头族”，你明白了吗？

追梦，从好好读书开始！

教育学部　庄幼红

“我们都在努力奔跑，我们都是追梦人。”习近平总书记在2019年新年贺词中振奋人心的寄语让中国亿万人民激昂起奋斗决心。今天，站在中国发展进入新时代的历史维度上，青年人也谈追梦，也想建功。然而，说起梦想，很多青年总是空泛、缥缈，抓不住。正值中华人民共和国成立70周年，五四运动爆发100周年，作为青年大学生，我们不妨思考：在时代的洪流中，我们能做些什么？不妨谈谈如何读书，做一个发光发热的人？

近几年，根据一些阅读调查可以发现，中国人的年均阅读量在全球的排名已经靠后。快节奏的生活让人们不能静下心来读书。“读书无用论”充斥坊间。不少青年大学生也开始怀疑读书有什么用？为什么而读？如果从当前考虑，我想青年可以有三个读书的理由。一为聪慧而读。有人曾说：“阅读不可能改变人的生命长度，但可能改变人的生命宽度、厚度；阅读不可能改变人的容颜，但可以改变人的气质，改变人们对于生命和生活的态度。”书就像一个忠实的朋友和一个良好的老师，它能够让你汲取智慧、启迪思想，净化心灵，懂得生活和做人的道理，习得做事的本领和谋生的技能，变得聪慧有灵气，所谓腹有诗书气自华大抵如此。二为幸福而读。我们常谈“幸福感”，我们总希望读书真的实用。记得龙应台在《亲爱的安德烈》中与儿子谈心说：“我要求你读书用功，不是因为我要你跟别人比成就，而是因为，我希望你将来拥有更多选择的权利，选择有意义、有时间的工作，而不是被迫谋生。”是的，读书是一种无形之用，是一种潜移默化，它可能在不知不觉中改变你的人生轨迹。未来的你也许会感谢今天摄取额外知识的自己，因为你比别人多了一份选择的权利。三为祖国而读。回顾历史，我们的国家和许多仁人志士都是靠着读书建设国家，走向未来的。周恩来“为中华之崛起而读书”言犹在耳，毛泽东一步步成长成为伟人和他的读书习惯也分不开。前辈们披荆斩棘也要为国家的生死存亡而读书，今日青年们无须忍受饥寒交迫，无须畏惧敌人的枪口，但仍应为国家的复兴强大而读书。因为实现中华民族伟大复兴的中国梦需要知识的力量，需要创新的能力，这都要从阅读开始，从汲取知识的力量开始。

当然，我们不仅要知道为什么读书，还应当明白“读什么书”和“怎样读书”。要多读经典，选择好书。读史书培养历史思维，读文学涵养文艺素养；要多读纸质书，不沉溺于网络化、自媒体化的碎片化阅读中，以形成完整的知识体系；要多深入思考。学而不思则罔，只有思考才能将所读的书变成自己的知识，变成核心素养；要融入日常，养成读书的习惯，把读书作为一种爱好乐趣、一种生活态度、一种精神追求，必将受益终身；最后，要知行合一，追梦报国。通过读书增强破解难题的能力，增强开拓创新的能力。并将知识和行动统一起来，运用到实现中国梦的伟大事业中。真正做到读书明志，学习强国！

2019 年两会期间，全国人大代表韩永进号召“开展全民阅读、建设学习大国”，他说“新时代是读书学习最好的时代”。的确，今天的青年人拥有更加良好的读书环境，不用凿壁偷光，不用映雪囊萤，不用负薪挂角，多么幸福！不信你看咱们师大的“24 小时图书馆”，犹如读书天堂！此刻的你，何不捧一本书，独坐一隅，静静阅读，在书香中慢慢寻找自我与幸福。

学会忙起来

外国语学院　周　彬

2019年9月，中国青年报微信公众号刊出《大学生要忙起来！教育部的新信号》一文，摘述了教育部高教司吴岩司长在出席北京外国语大学非洲学院和亚洲学院成立仪式时的讲话，“要让学生毕业和课程难起来，不能是一进了学校就进了安全箱，不好好学习的学生毕不了业；要让学生忙起来，让那些天天睡大觉、天天打游戏、天天喝大酒的醉生梦死的日子一去不复返”。这也透露了教育部的新信号，大学生的学业将更有挑战性，课程难度和深度将更高。对于还持有“玩命的中学、快乐的大学”观点的同学们，高校“增负”的这一新信号，你们明白了吗？

大学生活的中心内容和主要任务依然是学习。相较于中学是对知识型人才的塑造，大学则更倾向于对应用型人才的培养。然而大学生活，少了监督和督促，面对扑面而来的独立生活、社团活动和课程学习，我们有时可能会感到繁忙又迷茫，感到“心好累”。所以，“学会忙起来”，是我们要掌握的大学生活必备技能第一课。

善于做时间的主人

做时间的主人，实质就是做自己生命的主人。学习生活忙起来，大学生首要就是得培养自己管理时间的能力。掌握了时间管理理念和方法，我们就可以进入高效率、慢生活的理想状态。科学管理时间可以从几个方面入手。第一，要学会记录自己的时间，找到自己无意义浪费的时间，比如玩手机、刷朋友圈、刷微博等，破除自己看似繁忙的假象；第二，要学会用些适合自己的科学时间管理方法，比如“番茄工作法”“四象限法则”等，在大脑最高效的时段分配最重要的学习任务；第三，要学会利用碎片化时间，充分借鉴古代先贤们在时间利用上总结出“鞍上”“枕上”“厕上”的“三上”经验。第四，要学会用好时间管理工具，比如手机中的“To do list” “备忘录”等手机软件，做好自己的学习和生活计划。

注重培养专业思维

区别于中学的知识型学习，大学学习的主要目的是要系统掌握专业的思维方式。而其中，培养批判思维和辩证思维至关重要。批判地思考和分析问题能培养批评性和独立的态度。要形成批判思维，首要提升个人素养和专业水平，才能做到质疑有据、辨析有理；其次是要敢于质疑，对存在的疑点和漏洞，敢于提出自己的看法，不人云亦云。而辩证思维，是从变化发展视角认识事物的思维方式。中学时，我们就已经从书本中学到了唯物辩证法。在大学里，我们就要学会用唯物辩证法去认识事物，指导学习生活，在实践中养成辩证思维。

学会劳逸结合

列宁曾说过，不会休息的人就不会工作。学习需要集中精力、专注思考，是一件长时间、高强度、费精力的活动。大学期间紧张的学习活动，更要求我们要拥有劳逸结合的能力。只有学会劳逸结合，才能够长期高效地学习，以追求更高层次的学习目标。有的同学认为，休息和娱乐是一件再简单不过的事情了。可是在大学期间，提高娱乐活动和休息的有效性和针对性才是我们的目标之一。针对长时间学习过后带来的生理疲劳，我们可以选择适合自己的运动方式、休闲方式以调节身心。对于长时间学习带来的枯燥感，我们可以采用适度参与一些健康的娱乐活动或采用冥想等方式来丰富业余生活。总之，最好的休息，能让你重燃生活的热情。劳逸结合可以补充能量，这个能量既有身体能量也有情绪能量，只要是正能量，就能不断激发我们的潜能，让大学学习生活既充实又高效。

毕业有道，诚信为本

心理学院　唐雅君

“人而无信，不知其可也”，诚信作为中华民族的传统美德，不仅彰显着个人的品行与尊严，而且塑造着一个民族的精神与灵魂。对于青年学子而言，学术诚信是人生一次重要的诚信“大考”。作为肩负中国梦的青年学子，应当正确认识诚信对于砥砺品格、提升自我的重要作用，自觉恪守学术规范。

端正学习态度，拒绝成为学术诚信的侥幸者

3 月份是毕业论文焦虑季。眼看着答辩日期日益临近，想起曾经一样焦虑的学长学姐们一度涉险过关，不少毕业生抱持着“间歇性小修小改，持续性蒙混过关”的心态，以极其佛系的心态对待毕业论文。写作论文的标准不是为了检验自己，而是降低重复率，试图划水过关。为了应付可能的“查重”，不少同学非但没有专注于提高论文质量，取而代之的是研究起“降重妙招”，更有甚者假手于人，请人代笔，这样的行为实属本末倒置、黑白颠倒。需要明确的是，撰写毕业论文是对在校大学生进行的一次知识的全面检验，也是考查学生本阶段学习所达学业水平的重要环节。因此，要正确看待毕业论文写作对自身素质提升与思维训练的重要意义，论文质量高低是其次，但所经历的过程与收获的成长是毕业季独有的青春记忆。

加强学术训练，拒绝成为学术诚信的无知者

有研究表明，多数学术不端行为源于学术规范基本训练欠缺。在被

老师提醒或者被查出有学术诚信问题时，更有甚者对这些问题浑然不知。这种对学术基本规范的漫不经心与“无知无畏”已经为“坎坷”的毕业之路埋下伏笔。因此，要加强学术自律，扎实提高学术功底。首先，开题前及时补上学术诚信一课。对于常见的几种学术诚信问题要敬而远之，例如抄袭（引用他人文章但未标明出处）、篡改实验数据、伪造实验结果等。其次，多途径学习学科学术论文基本写作规范，认真翻阅学校印发的毕业论文写作的相关规定，避免出现格式错误、词不达意、语句不通顺等错误。第三，多与导师、同学沟通交流，规避可能存在的学术风险。

合理分配时间，拒绝成为学术诚信的试探者

除了学习态度和学术训练问题之外，时间分配问题也是导致毕业论文“出错”的关键原因之一。“初稿、初一稿、初二稿、修改稿、修一稿、终稿、终一稿，终于还要再改稿，打死不改稿”，许多同学的毕业论文都经历过“三次搞定”的美好愿望，再到改到答辩前夜的绝望。考研、找工作、招聘考试、实习等时间安排，都与毕业论文写作进程交叉。个别焦头烂额、应接不暇的毕业生开始在学术诚信的边缘试探，试图投机取巧。合理分配时间和分出轻重缓急，也是走向职场后应当具备的基本能力。各高校各专业的毕业论文答辩时间基本明确。因此，要严格要求自己，提前做好时间规划，给毕业论文写作和修改留下充足的时间，避免忙中出错。

2019 年全国两会期间，“惩戒学术不端”第一次被写入政府工作报告，指出“加强科研伦理和学风建设，惩戒学术不端，力戒浮躁之风”。作为肩负中国梦的青年学子应当尊重知识，尊重学术，恪守学术道德，坚守学术诚信，勤于学习，敏于求知，努力发挥自己的聪明才智，为实现中华民族伟大复兴的中国梦贡献青春力量！

致毕业生的一封信

生命科学学院　王怡坤

时光如白驹过隙匆匆而过，转眼2016级的你们迈入福建师大已到第四个年头。大四，意味着选择，是继续一段新的校园生活还是告别校园生活走上工作岗位，是考研还是就业；大四，意味着检验，检验大学三年来你的学习成效。大四，一个大学阶段特殊的关口。作为过来人，我有几句话想和你们分享。

奋斗是青春最亮丽的底色。你们总喜欢说自己已经下架了，老了，但实际上你们正处于实现人生价值的关键时期。习近平总书记说，“青少年阶段是人生的‘拔节孕穗期’，最需要精心引导和栽培”。对于身处成长关键时期的你们来说，除了师长们给予的引导和栽培，还需要用心打磨好自己，而奋斗就是最好的打磨。对于准备考研或者就业的你们，这个阶段对你们来说非常重要。当我问你们是否迷茫的时候，你们说迷茫；问你们是否后悔的时候，你们说后悔。但是当我问你们“如果再来一遍的话，你们是否会与现在不同呢”，这时的你们大多语塞。忘掉过去，抓住当下，打磨自己，做做自己想做却一直没有做的事情，为未来积蓄力量。相信，幸福是奋斗出来的！

坚持是人生最美丽的行囊。《诗经》有言：“靡不有初，鲜克有终。”唯不忘初心，坚持奋斗，方得始终。回想刚入大学时候的模样，你还记得自己的梦想吗？你是否还是那个白衣飘飘、风华正茂的少年？无论是考研还是就业，都需要你能够沉下心来，坚持下去用心钻研。人生就像一场马拉松，它不在乎你的起点是落后了还是站在第一名，它只在乎你到底能够走多远，到底能够坚持走多久。尤其对于考研的同学来说，坚持更是至关重要。希望你们在复习备考中遇到迷茫困惑、有所动摇的时候，在最艰难的时候，能够多回首初心，坚持走下去，定能破茧成蝶。

规范自我才能奠定美好人生。大四的你们要为考研、就业做努力，但不意味着你们就脱离了学校生活，也不意味着校纪校规就约束不到你们。现在，你们要学会“规范”自己，学会时刻进行“自我革命”，这种“革命”包括思想上和身体上的。有一部分同学进入工作岗位后好高骛远，认为领导给予的任务太简单而不愿意做，对一些技术含量较高的工作又无力胜任，还有个别同学在校期间是佼佼者，进入社会后发现“人外有人”，于是出现一些自暴自弃的行为，这些都是不可取，需要我们去改变自己的错误认识。另一方面，有一部分同学借着课程结束，肆无忌惮地过“自由”生活，外卖、短视频、游戏，不读书、不考研也不参加招聘会。无论是精神上还是行为上，我们都应该严格要求自己，发现自己的不足，踏踏实实努力改正和提升，迅速适应各阶段的生活并创造自己的价值。

一代人有一代人的长征，一代人有一代人的使命。希望你们能够胸怀星辰大海，脚踏坚实之地，立大志，做小事，不忘初心，牢记使命，坚持不懈，勇往直前!

当我们谈创新创业教育时

生命科学学院　苏筱薇

1998 年，清华大学举办首届创业计划竞赛，由此拉开我国高校创新创业教育的帷幕；2014 年，李克强总理在夏季达沃斯论坛上发出“大众创业、万众创新”的号召；2015 年，国务院印发了具有重要里程碑意义的文件——《关于深化高等学校创新创业教育改革的实施意见》。如今，创新创业教育走过二十年的历程，已成为高校关注的重点、高等教育改革的必然趋势和国家实施创新驱动发展战略的迫切需要。

但谈起创新创业教育时，我们似乎常听到这样的声音：“创新创业教育不就是在教如何开公司赚钱吗？创业失败率这么高，为什么还要鼓励创新创业？我只想找份稳定工作，又不搞科学发明，也不参加创新创业竞赛，为什么还要进行创新创业教育？”这些疑问的背后不难看到大家对创新创业教育存在认知误区，而认知上的误解将带来实践上的困境。为此，走出认知上的误区是推进创新创业教育关键的第一步。

开展创新创业教育，包含创新和创业两个方面，不能狭隘地理解为创业教育，要克服“重创业，轻创新”的倾向；“创新”排在“创业”前面，要认识到创新在创业中的前提作用，要用创新引领创业；而创新不仅包括技术、产品或服务上的创新，更是一种精神追求，创业也并非直接等同于开公司。开展创新创业教育，并非要求人人都应该成为发明家，人人都是企业家，其最重要最核心的是培养学生的创新创业精神和意识，这是一种首创精神、批判精神、冒险精神和独立意识，是对自我、对安逸现状的挑战，要求提出解决问题的新思路、新方法。这种精神、意识的养成，是从事任何职业都必须具备的优良品格，既为“个人灵活、持续和终身的学习”打下基础，也是国家创新型人才培养所必需。大学生作为创新创业的生力军，生逢其时，责任在肩。

一要从旁观者变践行者。创新创业教育不仅仅是面向参赛的学生或部分有创新创业意愿的学生，它是面向全体学生，应成为每个青年学生的理性认知与行动自觉。“创业可以被教育，但创新只能被激发”，要增强主体意识，当一名探索者，而不是知识的搬运工和按部就班的执行者；要强化实践，充分利用各类实践平台，积极参与创新创业竞赛，走向市场、深入市场，不能仅停留在课堂上；要注重培养团队领导、管理能力，学会带领有共同使命感的团队成员一起完成一项任务，达成一致目标。

二要从注重结果到关注过程。创新创业教育“不是赢家文化，而是沙场老兵文化”。大家应当看到创新创业的艰辛和长期性，不能急于求成，而要学会面对挫折和失败。无论是科学研究、文艺创作，还是参加竞赛、实战创业，在创新创业的路上必然充满曲折，这一过程带来的洗礼和收获，在反思基础上助推着下次的进步。

三要从关注自身到关心社会。创新创业教育始终以立德树人为导向，在收获知识，培养能力之外，要自觉增强责任感和使命感，主动用自己所学、个人所长服务国家战略需求和经济社会发展，为社会和民众谋福祉，自觉将个人创新创业、社会责任、国家发展结合起来，牢记习近平总书记给第三届中国“互联网＋”大学生创新创业大赛“青年红色筑梦之旅”大学生的回信中提到的精神，“扎根中国大地了解国情民情，在创新创业中增长智慧才干，在艰苦奋斗中锤炼意志品质，在亿万人民为实现中国梦而进行的伟大奋斗中实现人生价值”。

大学应加强劳动意识的培养

生命科学学院　王怡坤

习近平总书记在全国教育大会上强调，要在学生中弘扬劳动精神，教育引导学生崇尚劳动、尊重劳动，懂得劳动最光荣、劳动最崇高、劳动最伟大、劳动最美丽的道理，长大后能够辛勤劳动、诚实劳动、创造性劳动。

然而我们不得不正视的是，近些年来，无论是在中小学还是大学校园，一直充斥着一股“轻视劳动”的不良风气。在中小学，大扫除、日常值日等本应是孩子自己完成的劳动都由家长代劳了；在很多大学，即便是过去一直由学生自己完成的劳动，如打扫宿舍走廊、打扫教室等也均由物业人员代替，多数学校“劳动周”的传统也消失殆尽。在某种程度上，劳动教育存在学校弱化、家庭淡化、社会软化的现象，劳动教育被逐渐边缘化。与此同时，受传统劳动观、享乐主义等错误观念的影响，部分大学生劳动观念单薄、劳动能力欠缺、以自我为中心、合作意识不强、崇尚安逸，在生活工作中吃不了苦、受不了累，更有鄙视劳动、轻视劳动者的倾向。多数学生“两耳不闻窗外事，一心只读圣贤书”。究其缘由，这都是“不爱劳动，不会劳动，不珍惜劳动成果”造成的。因此，在大学生的发展中，除了提倡“德智体美”全面发展，更应该加强对劳动意识的培养。

加强劳动意识的培养，有利于培养正确的世界观、人生观、价值观。人们科学的世界观、人生观、价值观都是在劳动的基础上形成的。只有不断加强劳动意识的培养，形成正确的劳动观念，对劳动价值产生正确的认识，树立正确的劳动意识，端正劳动态度，才能不断地在劳动中发展和提高，在劳动中明确自身的奋斗目标，在劳动中不断提高自身处理、解决问题的实践能力，从而使自己能够在实现自身价值和实现自身理想的道路上，勇于开拓创新。

加强劳动意识的培养，有利于继承和发展勤俭节约、艰苦奋斗的优良传统。勤俭节约、艰苦奋斗是中华民族的传统美德，更是新时代精神文明建设的重要内容。当代大学生由于受社会、家庭等多种环境因素的影响，在学习生活中缺乏吃苦耐劳精神，好逸恶劳，漠视劳动，不珍惜劳动成果，导致考试作弊、论文抄袭、生活自理能力欠缺等缺乏劳动意识的现象层出不穷。加强劳动意识的培养，发展和继承艰苦奋斗的传统美德，有利于树立自立自强的意识，在劳动中激发自身的创新性和创造性思维，进而在实现自身价值的人生道路上扎实苦干，勇于开拓进取。

加强劳动意识的培养，有利于激发想象力和创造力。当今世界大国关系的竞争日臻激烈，其实质就是综合国力的竞争，而决定综合国力水平的关键因素在于创新。创新创造离不开脚踏实地的苦干精神，更呼唤大国“工匠精神”。加强劳动意识的培养，踏实苦干，辛勤劳动，有利于促进在劳动中不断增强创新意识和创新自信，勇于改革创新，勇于挑战自我，敢于打破常规，从而创造更加美丽的人生。

党的十九大报告提出：“青年兴则国家兴，青年强则国家强，青年一代有理想、有本领、有担当，国家就有前途，民族就有希望。”青年大学生是社会主义建设和发展的后备力量，因此青年大学生应崇尚劳动、增强劳动意识，让劳动最光荣、最崇高、最伟大、最美丽成为时代最强音。

考前求“锦鲤”，不如自己来转运

地理科学学院　黄　菁

近来每逢大考小考，朋友圈或QQ空间转发“锦鲤”求好运在95后的大学生群体中已成为一个火热现象。产生此现象的原因多种多样，其中之一便是该群体对于学习的焦虑。根据国外一篇论文《压力和控制欲对迷信行为的影响》的研究结果表明，人的奇幻思维和迷信行为的频繁发生与焦虑感的增强有关系，人们企图通过幻想或迷信行为来重新获得对事物的控制能力。转发“锦鲤”的行为背后透露出同学们的学习焦虑和想要取得好成绩的欲望。

究竟是“锦鲤”的好运靠谱，还是自己的努力管用呢？毫无疑问，焦虑的解除还是需要脚踏实地的努力。作为一名新时代的大学生，面对学习压力，应当采取科学的态度，明确学习动机、转变学习方式、增强自律意识及培养专业兴趣，积极解决学习问题并克服学习焦虑。

首先，明确学习动机，树立奋斗目标。学习动机是学习活动得以进行的源泉，形成明确的学习动机对于同学们克服学习焦虑具有重要作用。尽管许多同学能感受到社会对人才的要求越来越高，但往往因为缺少一个目标，导致一边因社会的高要求而焦虑，另一边却由于未能高效利用时间，缺乏规划，没有前进的动力，最终加重焦虑感。所以，首先要明白自己为什么要学习，进行自我评估并确定短期和长期目标，这样才能维持学习行为并使自己朝着目标奋进。

其次，转变学习方式，适应新型模式。进入大学的一个直观感受可能就是中学时代的独享教室几乎不存在，上个自习也要自己找场所。逐渐地，还会发现学习模式也由教师主导转成学生主导，于是自学能力的高低成为影响学业成绩的重要因素。自学能力包含阅读理解能力、对授课内容的质疑能力、查阅文献的能力、实践能力、撰写学习心得或论文的能力等。当同学们明确自己的学习目标后，要善于管理自己，“学会学习”，主动培养自己获取知识和信息的能力，善于抓住机会锻炼分析、归纳、推导的能力。勿将学习的概念局限在课堂的教学与课本讲义中，而是意识到学习方式的多样性，聆听讲座、开展社会调查研究、做实验、参加各类竞赛、进行合作与交流、泡图书馆等都是获取知识与能力的途径。

再者，增强自律意识，克服拖沓习惯。不少同学在收到学业预警告知书进行自我反思时会提到自己难以克服的拖延症，学习动机总是被惰性一步步地弱化。心理学巨匠威廉·詹姆斯（William James）曾说：“播下一个行动，你将收获一种习惯；播下一个习惯，你将收获一种性格；播下一种性格，你将收获一种命运。”在惰性面前要经常进行自我暗示，激励自己即刻行动，告诉自己当下因惰性带来的片刻享受必将换来加倍的痛苦。想要成功，就要勤奋刻苦，积极行动；就要抓住今天，不等明天；就要脚踏实地，循序渐进。杜绝安逸享乐的习惯，将积极努力作为大学期间的奋斗状态，转变于一个小小的行动，坚持于每一次小小的自律中，才会迎来大大的满意。

此外，加深课程情感，培养专业兴趣。在专业学习中，情感的作用是不容忽视的，情感的发展基础是认识和熟悉，所以加深情感要落足于提高学习的自主性和对大学课堂的适应性。多看一些专业入门的书籍、多与同学进行专业上的交流、寻找不同专业之间的联系、发现所读专业学习的乐趣、促进学习效率的提升，逐渐培养学习的兴趣，从而正视学习困难、优化学习方法、扎实打好基础、克服学习焦虑。

为自己能获得一个满意的成绩，考前考后转“锦鲤”，不如脚踏实地，立即行动。作为一名新时代的大学生要科学对待学习，明白一点：要想梦想成真，必须努力奋斗，它才是青春岁月的真正锦鲤。

到底为什么要创新创业?

文学院　章招坤

转眼又到期末，这学期的校公选课即将结课。回想起开学初在我的“人文学科创新创业实务”第二次开课时，我得花上整整90分钟的时间来谈到底为什么要上这个课?也就围绕一个问题：高校到底为什么要创新创业?

其实大部分选修这本门课的同学是不知道的，他们好像也没有太多兴趣了解，选课的几乎所有理由是：“毕业需要修一门创新创业课程!”如果不解释清楚这个问题，“人文学科创新创业实务”课程也就无法谈起，因此要硬着头皮、厚着脸皮、磨破嘴皮地去讲。但讲真，我也不确定这样谈学生是不是能够接受。我把在课堂上的解释做个梳理，也请读者们指正。

首先，是国家战略。一谈国家、谈战略，很多同学就觉得离自己很遥远，没什么关系。但换一个角度来看，这是历史趋势、时代潮流，没有人能够置身事外。习近平总书记曾说：“创新是社会进步的灵魂，创业是推动经济社会发展、改善民生的重要途径。”实践证明，广泛开展大众创业、万众创新，是培育和催生经济社会发展新动力的必然选择，是扩大就业、实现富民之道的根本举措，是激发全社会创新潜能和创业活力的有效途径。简单点说，创新创业是国家实现繁荣富强的新动力，是民族实现伟大复兴的新动力，也是人民实现安定幸福的新动力。这是不可逆的时代潮流，也是党和国家坚持发展的方向。因此，不管你是积极参与还是消极回避，我们都客观地存在其中。

其次，是教育改革。之所以把深化高校创新创业教育改革作为推进高等教育综合改革的突破口，恰恰说明当前高校创新创业教育出现了问题。具体来说，一方面，大学生创新创业意识薄弱。部分大学生对创新创业的认知，仍停留在“做生意”的传统思维中，没有看到创新这个作为引领发展的第一动力的价值。创新创业教育能够教会他们用创新的思维方式、创业的实际行动，不断推进理论创新、制度创新、科技创新、文化创新等各方面创新，让创新驱动社会经济发展进步。另一方面，大学生存在过于“自我”倾向。由于独生子女等家庭教育因素影响，部分大学生存在过于“自我”的倾向，凡是以“我”为中心，不善于顾忌他人感受，因而造成普遍性的高校人际关系危机，有甚者酿成惨案。创新创业教育的内容之一就是要教会大学生学会站在对方（需求方）的角度考虑问题。换句话来讲，判断创新创业成功与否的关键是：你是否满足客户的需求。除了“学生如何学”的问题外，还有一个关键点就是“老师如何教”的问题。一些传统的教学方式已经不能满足新时代的人才培养的需要，推动高校教学方式的变革，已迫不及待。高校教师要懂得创新创业教育要义，学会运用创新的教学方式教授传统知识，将创新创业理念嵌入专业教学，甚至能够在创新创业专业领域有所建树。

最后，不是单纯比赛。第四届中国“互联网＋”大学生创新创业大赛总决赛在厦门大学落幕，福建省高校取得了不错的成绩，这无疑给福建省创新创业大赛以强大促进。但也应该看到其中可能存在的弊端。创新创业大赛因其高显示度的成绩而备受各大高校追捧，一些高校打着“以赛促学、以赛促练”的口号，将创新创业大赛当作了创新创业教育的全部。为了筹备一个比赛、为了拿一个金奖，举全校之力，投入所有资源在参加比赛的极少数人身上，而偏离了创新创业教育所强调的“普惠制”的“创新精神、创业意识和创新创业能力”能力培养目标。奔命于年复一年的创新创业大赛中，却从未严肃认真地思考过创新创业课程体系如何建立、师资队伍如何组建、人才培养方案如何制定等关系大局的根本性问题。显然，这样脱离人才培养的创新创业教育是本末倒置的，是畸形的，最终是没有成效的。当然，也需要指出的是，教育主管部门对于创新创业教育开展成效的评价标准应该多样化，至少应该理性地看待大赛，别让空虚的参赛数据迷乱了双眼，别让单一的比赛成绩充斥了脑海，更别让期待的理想现实伤害了初心。最后，获益的不是学生，受伤的是我们的百年大计。

毋庸置疑，我们迫切需要正确认识创新创业教育的重要性与必要性。借习近平总书记的一句话表明立场：“谁排斥变革，谁拒绝创新，谁就会落后于时代，谁就会被历史淘汰。”

“厉行节约”引领健康“新食尚”

美术学院　林　旭

据《2020年世界粮食安全和营养状况报告》，全世界将迎来50年来最严重的粮食危机。报告指出，受新冠疫情和全球性蝗灾的影响，2020年25个国家面临严重的饥饿风险，有6.9亿人处于饥饿状态。严峻的粮食危机问题和严重的浪费现象，如高悬于我们头顶之上的利剑，为我们敲响粮食安全的警钟，切实将厉行节约、反对浪费落到实处，如箭在弦。

“一粥一饭，当思来之不易；半丝半缕，恒念物力维艰。”勤俭节约，是我们中华民族的传统美德，也是学校教育的重点和学生成长成才的关键。新时代青年沐浴在物质丰富的时代环境中，提倡节俭的教育一直如影随形。但毋庸讳言，学生浪费现象频发也让我们意识到，持续推进“光盘行动”，教育和引导“厉行节约”的实质意义，才能更好地培养学生勤俭节约的行为习惯，引领校园健康“新食尚”。

“厉行节约”守住价值底线，倡导把尊重劳动的观念奉为圭臬。我国五千年的饮食文化源远流长，同时也衍生出不同的生活方式。不管是玉盘珍馐、山珍海味，还是箪食瓢饮、布衣蔬食，追根溯源，都不应该抛弃对食物的敬畏之心，不应该忽视食物背后的血汗凝结，更不应该让铺张浪费之风凌驾于勤俭节约之上。勤俭不是吃苦，体现的是对有限资源的珍视；节约不是受累，彰显的是对艰辛劳动的尊重。厉行节约、反对浪费就是从源头抓起，体现的是一种态度、一种理念、一种精神。只有从根本上树立尊重劳动的观念，守住正确的价值观底线，杜绝以消费之名行浪费之实，才能让节约理念实现真正的理性回归，减少不必要的资源消耗。

“厉行节约”塑造品质生活，让餐桌文化科学健康。“洪范八政，食为政首。”在人类历史发展进程中，食物早已从当初的基本生存需要，蜕变为如今追求、享受美好生活的标尺之一。但是不良的饮食习惯和方式也对人类追求美好可持续的文明生活构成了严重威胁。“厉行节约”就是让“管住嘴”成为一种饮食智慧，就是从营养结构、数量搭配、美味度和适配度四位一体的层面，鼓励分餐制、适度用餐，提倡健康合理膳食，培育科学健康的饮食习惯，在节约粮食的同时，吃出健康、吃出文化、吃出品质，做到食不过量、有所节制，让丰富美好的食物真正构筑起人类美好生活的愿望。

“厉行节约”践行文明美德，让优良传统焕发新生命。“静以修身，俭以养德。”勤俭节约之所以作为人类文明的大美之德行，是因为文明是在不断克服生命健康条件匮乏的过程中产生和发展起来的。勤俭节约、尚俭戒奢作为中华民族的传统美德，是艰苦奋斗精神的薪火相传，也是建设资源节约型、环境友好型社会的精神文明体现，更是减少厨余垃圾、弘扬“垃圾分类”新时尚的先头兵。践行“厉行节约”，反对浪费，在新时代的背景下，倡导的是“取之有度、用之有节”的健康文明方式。它不仅要求持续推进“光盘行动”，号召减少舌尖上的浪费，还包括养成节水、节电、环保等行为习惯，赋予“勤俭节约”美德更广泛的新时代内涵，更好地守护我们的绿水青山。

“俭则约，约则百善俱兴；奢则肆，肆则百恶俱纵。”厉行节约、反对浪费是新时代下永远不会过时的主题，它贵在习惯养成，难在持之以恒。相信在不断的宣传教育下，我们一定能营造好“浪费可耻、节约为荣”的氛围，做好校园节约工作，让节约之风吹进每个人心中，起到润物无声之效，使之内化于心，外化于行。

不妨做个“站远一点”的粉丝

学生工作部　杨建义

日前，新华社官方微信公众号发布一篇《PG _ ONE 这首歌疑似教唆吸毒，虽道歉下架，可情况并不那么简单……》，引起网友热议。点赞者众，拍砖者亦不少。在参与者中既有“我不是 PG 粉”“我不是粉丝”的表白，也有“我不是 PG 黑”的告知。可以看出，参与者都试图以远离“粉丝”的身份来评析和解读。这种告白告诉我们：真正的粉丝，不妨“站远一点”。

偶像和粉丝是互为依存的统一体。粉丝总是期待与其偶像紧密相连，这种密切程度不仅体现粉丝的“投入”，而且牵涉到粉丝在“粉圈”中的地位与话语权。“这其实是人类寻求身份认同的一种方式。”粉丝对于偶像在寄予精神崇尚、情感依傍的同时，易于越来越把自己的偶像幻化，表现出对偶像的坚信不疑。他们不仅无条件地包容偶像的缺点与错误，而且无原则地美化其缺点与错误，并对别人的批评大肆口诛笔伐。这种起点不平等的精神叩拜，一叶障目式的眼界，致使粉丝在价值的路上迷失，忘记偶像的本真意义。更甚，今天的许多粉丝现象是欲望、情感与利益紧紧捆绑在一起的同声共息的共同体，过于迷恋感官刺激，迷信感性直觉，迷失自我思考。“脑残粉”就是对这种现象的最好标注。真正的粉丝，不妨站远一点看偶像，避免“盲人摸象”式的崇拜。

新媒体的繁荣，为粉丝在虚拟空间中的集结创造了天赐良机，推动了粉丝行为的日常化、生活化、平民化、规模化和聚集黏性，造就粉丝群落的“狂欢”。狂欢的背后既有寻求精神寄托、情感归属的原因，也有精神空虚、自我迷失的缘故，优劣因素并存，正负能量兼有。常见到，粉丝们在网上"站队"，为捍卫心中的偶像大打口水仗，上演"贴标签""泼脏水""约架"等意气之争。可以说，粉丝是网络的一面镜子，有什么样的粉丝，就有什么样的网络世界的意义。真正的粉丝，不妨站远一点看网络，远离些众声喧哗的场域，少点沉默螺旋的暗示，多些自己理性思考和分析空间。

粉丝已经成为新型社会关系建构的影响力量。既有独特的向内建构"圈层"，也以集体行为向外对日常生活的重构。内外因素的多重作用，导致了今天的"粉丝"和从前的"拥趸"有了很大区别，粉丝不仅作为一个群体日渐崛起，而且日益主动，在某种程度上开始具有社会动力学意义上的功能，催生新型社会关系的出现。但是，许多粉丝不仅呈现出强烈的本位意识，而且只成为偶像事业的策划、干预和推动者。真正的粉丝，不妨站远一点看社会，看远昨天走过的路，看宽通向明天的途。

不妨做个"站远一点"的粉丝，展示自我、实现自我，而又不以放逐理性和审美为代价。

小确幸与大担当

文学院　赖书慧

最近，你的朋友圈是不是被《无问西东》这部电影刷屏了？电影讲述了不同时间和社会背景下，四位青年在最美好的时代，面临选择、坚守的故事。四代人，四个故事，穿越了一个世纪，几个看似无关的故事，围绕着“坚信你的珍贵，爱你所爱，行你所行，听从你心，无问西东”主题展开。电影谢幕，身旁几个女生都偷偷抹着眼泪，每个人都有不同的感动，我感受最深的是校园里经常听到的两个关键词：小确幸与大担当。

小确幸：善于发现生活中的美

有一段时间，“小确幸”这个词特别火，指的是“一种微小而确定的幸福”，这个词来源于村上春树的散文，写的是身边一些琐碎的日常事务。在我看来，“小确幸”绝不仅仅于此，而是一种善于发现美的人文情怀，是面对苦难时内心仍独有的平和。

电影中有个情节令人印象深刻：战乱中茅草搭成的教室屋顶不敌瓢泼大雨的冲刷，雨声渐渐盖过教授的讲课声，老教授索性放下书本，在黑板上写下苍劲有力的四个字“静坐听雨”。在战火纷飞的年代，在潦草搭建的大学教室里，教授不是要求大家自习，也不是下课，而是静坐、听雨，沈光耀推开窗户，少年们冒着大雨在训练和奔跑。雨越下越大，屋内的学生将书本合上静静听雨，让人差点忘了这是在1937年的战乱时代。这不正是苏轼笔下的“莫听穿林打叶声，何妨吟啸且徐行。竹杖芒鞋轻胜马，谁怕？一蓑烟雨任平生”的豁达吗？这，便是我心中的“小确幸”——这是一种不可多得的生活意境，是一种处于苦难却依然能照见光芒的心境。那一刻，我愈发觉得我们今天生活中的一切应该被好好珍惜。

校园里，偶尔会听见同学疑惑：学这门课有什么用？听这场讲座有什么用？社会上的浮躁和焦虑之风渐渐地吹进了校园，知识竟然也开始以“有用”“无用”来区分。诚然，高强度的竞争、快节奏生活、攀升的房价，难免会放大焦虑，矮化情怀和梦想，让有些同学甚至开始怀疑美好，让“小确丧”成了热词。大家也许忘了，大学不仅仅是职业培养的场所，更是塑造灵魂，培养人格的地方，就像电影中躲在山洞里的教授和学生，身边是随时投下的炸弹，却依然能笃定学习看似“无用”的“恐龙考古”，高吟《楚辞》与《飞鸟集》，在茅草屋搭成的宿舍里，仍要写上“室小常遇春，窗虚诸葛亮”的对联，“热血殷红，只为中国弦诵不绝”。

对真理的追求，对世俗的洞察，对美好的珍惜，不惧眼前的困境，永远相信梦想的力量，保持绿意葱茏的情怀，拥有更长远的眼光和胸襟——这便是大学带给我们最珍贵的“小确幸”。

大担当：时代赋予青年的使命

“小确幸”带给我们平和的心态，时代却赋予青年们更大的担当和使命。当你的“小确幸”与时代命运联系在一起时，你会怎么做？

电影中的青年们给出了自己的选择：出自“三代五将”之家的沈光耀，原本可以像家人所期待的那样“不求光宗耀祖，但能读万卷书行千里路，享受人生的乐趣”，但是，当祖国危难之际，孝顺的他毅然背弃对父母的誓言，投笔从戎，用自己的机身撞向敌军战舰，永远消失在那片浩瀚的穹顶之中；安顿好爱人的陈鹏，虽然“有人需要照顾”，却依然选择了遥远的戈壁，为国家效力，当原子弹发射成功后，他才踏上与爱人重逢的火车，镜头切换，看到的是他因受到严重辐射，背上满是脱发……

也许你会说那是战争年代，在和平美好的新时代，何须我们选择。一代人有一代人的际遇，一代人也有一代人的担当，当代青年如何选择，影片中的张果果给了我们答案：当金钱和权利像高山一样胁迫他、左右他，在浮躁、高压、尔虞我诈的职场中，公司领导劝诫张果果不要过于关心贫困的四胞胎，不然以后他们可能赖上自己，惹出麻烦。但张果果还是选择了帮助四胞胎，也选择了坚守自己的初心。

诚然，我们未曾经历战乱，但我们也面对激烈的竞争，经受择业、升学等现实问题的考验，我们追求更美好的生活，向往更丰盈的生命。当面对黑暗时，你能否坚持崇高的理想信念？当梦想受挫时，你能否以勇毅笃行的行动执着追求？当面对困惑时，你是否有明辨世事、洞若观火的远见卓识？当国家需要时，你是否有勇气超越平庸、突破自我，做出无悔青春的正确选择？

不管在什么年代，个人的选择都将会影响国家巨轮的航向——这便是我们这代人的“大担当”。

发现小确幸，心怀大担当

我们无须掩藏个人对美好生活的向往，因为它就是中国梦的重要部分，正如习近平总书记所说：“国家的前途，民族的命运，人民的幸福，是当代中国青年必须和必将承担的重任。当代中国青年要有所作为，就必须投身人民的伟大奋斗。前进要奋力，干事要努力。当代中国青年要自觉按照党和人民的要求锤炼自己、提高自己，做到志存高远、德才并重、情理兼修、勇于开拓，在火热的青春中放飞人生梦想，在拼搏的青春中成就事业华章。”

“小确幸”是让我们永远相信美好，“大担当”是让我们将个人梦想与国家命运紧紧相连，对自己负责，关心亲人和朋友，不忘初心，坚定理想，掌握过硬的本领，同情弱势群体，富有社会的责任感，“有一分热，发一分光，就如萤火一般，也可以在黑暗里发一点光，不必等候炬火”。

“青年一代有理想、有本领、有担当，国家就有前途，民族就有希望。实现中华民族伟大复兴的中国梦，离不开一代代青年的接力奋斗。”让“小确幸”与“大担当”在时代的碰撞里携手并行不悖。

愿你拥有小确幸。

愿你心怀大担当。

山川异域，风月同天：疫情下中国青年该有的“共同体”意识

文学院　黄永茂

新型冠状病毒全球大流行，严重影响全球生活生产方式，也加速推动了人与人、人与自然、人与网络“共同体”意识的觉醒。

全球人类命运共同体

习近平总书记指出：“加强疫情防控国际合作是发挥我国负责任大国作用、推动构建人类命运共同体的重要体现。”这是中国的理念与主张，也是中国的作为与担当，更是我们中国青年的时代意识和行动自觉。一是要有互联的思维。截至2020年4月28日22时，全球确诊人数已经超过300万人，死亡人数超过21万人。我们可以清晰地看到，在现代科技的催化下，人口流动速度加快，互联互通成了国际“新时尚”。在疫情的威胁下，世界上没有哪个国家是堡垒，没有哪个地区是孤岛。二是要有互助的行动。据报道，我国得到了79个国家和10个国际组织的政治支持和物资援助。同时，我国政府也已向120个国家和4个国际组织提供了包括普通医用口罩、呼吸机等物资援助。中华民族知恩图报的优良传统，让我们看到了大爱没有国界。三是要有互鉴的心态。全球战“疫”，中国向世界贡献了中国方案、中国智慧。但是，我们也听到多种不和谐的声音，甚至以中国、以武汉为病毒代号。大义大道面前，无须辩解，历史自有交代！当下，重中之重在于停止无休止的谩骂、攻击和怀疑，我们要摒弃狭隘民族主义，厚植人类情怀。

人与自然生命共同体

“人与自然是生命共同体，人类必须尊重自然、顺应自然、保护自然”。只有辩证地把握人与自然的关系，人与自然才能休戚与共。一是要回归自然本真。疫情蔓延已超过200个国家和地区。病毒无休止的报复，警示我们必须深刻反省人与自然之间的关系。恩格斯早就说过：“我们不要过分陶醉于我们人类对自然界的胜利。对于每一次这样的胜利，自然界都对我们进行报复。”这次疫情，便是有力的印证。二是要回归自然规律。回归自然规律，就是尊重生态伦理，在人类发展的道路上始终不放弃呵护自然的态度，始终不放弃人对自然的责任与担当。从发现到研究、从畏惧到防御，我国在不到两个月的时间，战“疫”取得了决定性胜利。我们看到，回归自然规律，是实现“幸福生活”的基本前提。三是回归自然伦理。2020年2月24日，全国人大常委会审议通过了《全国人民代表大会常务委员会关于全面禁止非法野生动物交易、革除滥食野生动物陋习、切实保障人民群众生命健康安全的决定》，让自然回归制度伦理。事实证明，在疫情横行下，在中华民族伟大复兴进程中，生态文明不可缺席。唯有摒弃人类对自然的无度贪婪与无德私欲，推动社会经济绿色发展，才能解答好“人与自然是生命共同体”的时代课题。

网络空间责任共同体

疫情深刻影响了我们的生活秩序，也加速智能技术革命的到来。一是要有开放包容的心态。教育部推出2.4万门免费开放的学习课程，本学期学校95%课程已经在线开放，网上实习如期推进，毕业论文网上答辩，网上招聘如火如荼，网络真切地改变了传统教育模式，这就要求我们要自觉地接纳新的学习方式。二是要有与时俱进的形态。疫情防控课程、网络思想政治学习、志愿服务活动三者互相嵌入、深度融合，“网络学习＋社会实践”的混合学习模式已深入人心，丰富了我们学习载体、手段和资源，让我们全方位融入国家群防群治防控大局。这种融入式、浸润式、体验式的三轮驱动的学习模式成了我们学习的新形态。三是要有积极健康的生态。古人云：“太上有立德，其次有立功，其次有立言。”无立言，何以立德？作为网络最活跃、受教育程度最高的群体，我们必然要扛起引领社会、引领潮流的大旗。以我们的学识、态度和担当，让党的防控决策部署生根落地，稳定民心；积极发声，为“逆行者”点赞；努力创作，营造积极防控环境；不做“二传手”，让谣言止于智者，让网络充满正能量，为打赢疫情防控阻击战凝聚精神力量。

从文化类影视里汲取中国故事的力量

经济学院　陈晓晶

2020年10月2日，《故事里的中国》第二季开播。第一期节目《扶贫路上》通过讲述驻村第一书记黄文秀的感人故事，致敬为脱贫攻坚事业付出青春、热血甚至是生命的广大基层奋斗者。通过庄重的戏剧舞台、平实的访谈、精彩的图像浓缩扶贫攻坚战的奋斗荣光，描绘属于当代的精神图谱。

文艺是讲述中国故事的重要力量。我们还记得《见字如面》用书信打开了历史节点，带领观众走进那些依然鲜活的时代场景；《国家宝藏》让博物馆藏品走出玻璃柜，现场演绎其背后的“前世今生”；《中国诗词大会》在诗与远方的较量中，使热血竞技与文学作品相得益彰；《信·中国》以一封封鲜为人知的中国共产党人的书信，让观众为共产党人的人性光芒而震撼。越来越多的文化综艺节目开始传达崇高、讲述善良、歌颂理想、赞许奉献，以综艺的外壳、文化的内核、纪录的气质，深情地讲述中国故事。

回首筚路蓝缕、手胼足胝的奋斗历程，中国有太多的故事值得我们铭记。“永不消逝的电波”里，有革命烈士李白用自己火柴一般的人生，点亮了新中国的光芒；“平凡的世界”里，有孙少平坚定信仰、艰苦奋斗，演绎平凡人的不平凡人生；“横空出世”里，有邓稼先“此身为国，此心为你，此生唯祖国和你不可辜负”的理想与浪漫。这些在节目中被演绎、被讲述的人物和故事，记录下新中国一路走来的每一处闪光，让有意义的事情变得更加有趣。作为新时代新青年，在感受故事魅力的同时，更要将这种精神在新时代的时间线上不断延展。

读好中国故事，知史爱党坚定信仰。中国共产党人用“红军不怕远征难，万水千山只等闲”诠释“为有牺牲多壮志，敢教日月换新天”的志气与骨气，用“撸起袖子加油干，全心全意谋发展”诠释“群之所为事无不成，众之所举业无不胜”的锐气和朝气。历史昭示着过去，也联通着未来。读好中国故事，就要勤学领悟历史。从历史汲取力量，在无数共产党人浴血奋战、不懈奋斗的故事中领悟信仰的魅力；从历史中领悟规律，做到读、思、学、悟、行并用，把握当代世情、国情、党情；从历史中找到前行的航向，从中国特色社会主义、中国共产党为什么行的答案中，做共产主义远大理想和中国特色社会主义共同理想的坚定信仰者、忠实实践者。

传承中国精神，艰苦奋斗薪火相传。红军长征时期，3 名女红军借宿在湖南汝城县沙洲村村民徐解秀家中，见其家境贫寒，家里连一床御寒的被子都没有，便在临走时，剪了自己仅有的一床被子，留了一半给徐家，这就是中国精神的体现。红船精神、延安精神、西柏坡精神、大庆精神、红旗渠精神、雷锋精神、抗洪精神、抗疫精神等，在无数中国故事里镌刻着的中国精神值得我们永久学习。传承中国精神，要以“先天下之忧而忧，后天下之乐而乐”的爱国精神厚植民族凝聚力，要以“自信人生二百年，会当水击三千里”的奋斗精神谱写人生答卷，要以“苟利国家生死矣，岂因祸福避趋之”的担当精神铸就复兴伟业。

深入中国实践，增强本领扛起使命。无数的中国故事告诉我们“一代人有一代人的长征，一代人有一代人的担当”。作为担起强国使命的新一代生力军，当代青年要有理想，在思想精神上强，从中国故事中汲取智慧，从历史经验中受到启示，以鸿鹄志做奋斗事；要有本领，在能力素质上强，牢牢抓住学习这个成长之基，培养自身逢山开路，遇水搭桥的能力，以过硬素质击水中流；要有担当，在干事创业上强，到条件艰苦的地方摸爬滚打，到祖国和人民最需要的地方拼搏建功，以一身本领去干成、干好一番事业。

未来，《故事里的中国》还将回顾感天动地的抗疫历程，同时把更多正在进行的时代故事、人民故事、身边故事嵌入节目，镌刻新时代“偶像文化”。作为新时代的青年，我们不仅要从这些故事里汲取养分，更要用偶像的力量指引人生航向，将理想、信念、担当藏于心，显于行。

图书在版编目（CIP）数据

信仰的力量：与大学生面对面/李绚主编. --福州：福建人民出版社，2021.11

ISBN 978-7-211-08749-5

Ⅰ.①信… Ⅱ.①李… Ⅲ.①时事评论－中国 Ⅳ.①D609.9

中国版本图书馆 CIP 数据核字（2021）第 203997 号

信仰的力量——与大学生面对面

XINYANG DE LILIANG——YU DAXUESHENG MIANDUIMIAN

主　　编：李　绚
责任编辑：程顺祺
出版发行：福建人民出版社　　**电　　话**：0591-87533169(发行部)
网　　址：http://www.fjpph.com　　**电子邮箱**：fjpph7211@126.com
地　　址：福州市东水路 76 号　　**邮政编码**：350001
经　　销：福建新华发行（集团）有限责任公司
印　　刷：福州德安彩色印刷有限公司
地　　址：福州市金山浦上工业区 B 区 42 幢
开　　本：700 毫米×1000 毫米　1/16
印　　张：12
字　　数：171 千字
版　　次：2021 年 11 月第 1 版　　2021 年 11 月第 1 次印刷
书　　号：ISBN 978-7-211-08749-5
定　　价：36.00 元

本书如有印装质量问题，影响阅读，请直接向承印厂调换。